JUAN CRUZ

Exceso de equipaje

(Des) orden de *Exceso de equipaje*

La doble vida o el exceso
de Juan Cruz

El Juan Cruz de este libro es el que subya-
ce a la apariencia de Juan Cruz. Debajo de su
vida de cada día está la luna, la mirada de un niño, el estanque de Narciso, tal vez alguna carne femenina ignorada y suavísima, tal vez la duda o un desamparo radical. Hay un Juan Cruz
aparente que pastorea escritores, presenta libros, firma contratos, toma aviones, asiste a con-
gresos, habla por teléfono con los autores de su
cuerda y aún reina nocturnamente en algunos
abrevaderos de moda. Semejante actividad forma un tejido casi sin costuras pero su trama deja escapar a veces por algunos intersticios la luna que está debajo, el sonido de aquella playa
de la infancia, las voces íntimas de los muertos,
las imágenes de unas fotos amarillas. Este libro
de Juan Cruz se titula EXCESO DE EQUIPAJE. No

sé a qué exceso se refiere: si al ajetreo exterior de su existencia o a la densa corriente del río interior que le lleva.

Imagino a Juan Cruz en cualquier instante del día o de la noche. Puede estar en ese momento en un aeropuerto, en un aula de cultura, en un bar de copas, en su propio despacho o durmiendo. Si está dormido a veces despierta un minuto entre dos sueños; si está despierto a veces queda un minuto ensimismado entre dos risas, dos libros, dos abrazos, dos licores. Durante ese breve tiempo Juan Cruz está sumergido. Realmente está bebiendo de sí mismo. En la imaginación formula una imagen poética, un pensamiento que se sorprende de sí mismo, un fragmento de memoria que le ayuda a seguir viviendo sin resistir de la belleza cautiva. Este libro de Juan Cruz son esos fragmentos del Juan Cruz interior. El exceso de equipaje consiste en ser un niño que ejerce de adulto, estar lleno de dudas y tener que decidir cosas de forma tajante varias veces al día; necesitar los sueños, las palabras sin sentido, los perfumes antiguos, las voces familiares que permanecen en el aire de aquella bahía y, no obstante, tener que vivir. Este libro es lo que Juan Cruz siente cuando uno lo sorprende un instante con la mirada perdida, en el momento en que se está reflejando en el estanque el Narciso donde navega un cisne por debajo de la camisa.

Manuel Vicent

Aviso a los que viajen con él

(Para Lola Más Rojas)

Este libro se compone de varias partes, todas ellas prescindibles. Nace de una larga experiencia personal y sólo servirá a los que quieran compartirla, con lentitud y con escepticismo. Como fue escrito. Como decía José Hierro, «sin vuelo en el verso».

Se titula EXCESO DE EQUIPAJE (*), pero pudo haberse llamado cualquier otra cosa; iba a

(*) Dilucidado el dichoso título me advierte Eduardo Haro Tecglen, silencioso paseante de los libros y de las ideas, que ya hay otro título así; se lo puso Enrique Jardiel Poncela a una miscelánea de trabajos suyos. Hace años escribí un libro contra mí mismo (también) que titulé, ufano, *Retrato de humo*; al mes se volatilizó la supuesta origi-

ser *Equipaje de mano*, y así se llama su primer capítulo, referido al hecho de viajar, de desplazarse, para huir o para encontrarse; e iba a titularse *Objetos personales*, y ése es el nombre de la última parte. Y se iba a titular *Equipaje de mano y objetos personales*, todo entero, como homenaje a los lugares comunes que uno escucha al término de los viajes en avión, ese maravilloso paréntesis en el que viajamos nosotros entre el aire y la nada.

Y si se titula sólo EXCESO DE EQUIPAJE 2 es porque en el viaje sobra prácticamente todo lo que llevamos con nosotros. Incluso es excesivo decir que viajamos: en realidad estamos siempre sobre la vertical del mismo desencuentro, situados, como Samuel Beckett, en torno a la misma isla que nunca quisimos abandonar.

La primera parte del libro, como queda dicho, es un conjunto de reflexiones sobre el viaje mientras éste se fue haciendo. Las notas fue-

---

nalidad del nombre, porque un compañero de trabajo, Lluís Bassets, vino hacia mí con un libro de Bill Ballinger llamado de la misma manera. Esta vez creo que he llegado a tiempo al menos a poner el 2 después del título. Probablemente otros lectores me obligarán a cambiar el guarismo varias veces.

ron tomadas en aviones, en automóviles o en autobuses, en el curso de una huida sin retorno cuyo único reposo se verificó en esos instantes de la escritura. ¿Adónde iba? ¡Y yo qué sé!

Hay un estadio intermedio que tiene como centro el origen del viaje, que no es otro que la necesidad de calmar el miedo, en cuyo aprendizaje he pasado toda mi vida, desde la infancia.

La última parte es una especie de diario escéptico sobre la vida del autor, que se enfrenta así al espejo de la escritura como en un ejercicio de autocrítica. Desfilan por esta zona (**) personajes, situaciones y hechos que formaron parte, benigna o maléfica, de la realidad, y que fijé ahí para luchar contra una terrible falta de concentración que ha perseguido la mayor parte de mi vida, abocada desde la niñez a los sucesos cotidianos y continuos que constituyen la

(**) Explico tanto el contenido del libro para beneficio de quienes agradecen los resúmenes, que permiten hablar del todo merced al ojeo de la parte. Y como este volumen está hecho de partes, de hechos y deshechos, de encuentros y desencuentros, en el único lugar donde se halla como un todo es en esa nota previa que acaso sea (¡acaso!) lo único coherente de todo el escrito, excepción hecha, quizá, de alguna palabra afortunada que sea salvada de la confusión total en la que habita el libro. End.

esencia del periodismo, su grandeza y su lugar común, su espíritu y su cinismo. Es una manera de colocar una mano contra el cinismo y contra el olvido, a favor de la ternura, el nunca en las manos del siempre, la fantasía en el lugar de la mezquindad, la dificultad de escribir la palabra amor en estos tiempos del cólera.

Escribir estos textos ha sido como pellizcarme para saber si en efecto estaba vivo y sentía que lo que estaba ocurriendo me pasaba a mí y no a un fantasma de palabras y de prisa que viajara haciéndose pasar por mí.

De esta zona del libro, si he de destacar algo, pondría en primer lugar la sinceridad con que ahora juzgo que está escrita; muchas cosas están ocultas, porque quizá no hay osadía para decirlas, pero las que están dichas provienen de ese lugar de la memoria que pugna siempre por saber más de lo que usualmente llamamos la verdad y que se expresa así como un testimonio y un testamento, una voluntad de dejar en esqueleto lo que en la amplificación cotidiana de la vida aparenta ser solemne. Nada y así sea.

A lo largo de mi vida la profesión y la vocación se han juntado en la obligación cotidiana de la escritura; por lo cual acaso he escrito demasiado. Ésta es la primera vez que siento haberme convertido en el testigo ausente de las palabras de un fracasado que habla conmigo, perplejo y verídico como un niño que acabara de nacer ante un cristal roto en mil pedazos.

Doy las gracias a quienes me han ayudado a poner orden en esta algarabía, y en especial a Manuel Rodríguez Rivero, que pensó que con estos apuntes de servilletas viejas se podía hacer algo, y a Eduardo Verdú, que me permitió utilizar como título de un capítulo el que da nombre a un hermoso libro suyo. A Faci siempre le doy las gracias, porque le dio serenidad a muchos de los apuntes, y a algunos de los silencios. Al recuerdo le debo una frase de Ernesto Che Guevara que acaso ha permitido que las canas no sean todo el bosque: «Hay que endurecerse pero nunca perder la ternura». Mi primer libro —*Crónica de la nada hecha pedazos*, otro exceso de equipaje— iba dedicado a Pilar; a ella le debo lo poco congruente que hay en el interior de las palabras que digo, de modo que ya está dicho lo que digo. Una vez mi madre me vio escribir y me dejó, de modo que quizá ella sea responsable de mi amor por las palabras, y por lo que dicen; mi padre me enseñó a creer que se podían pisar clavos sin molestarse, y desde entonces los piso con resultados inolvidables. Así que ellos —su memoria— están aquí haciendo este libro tan privado como multitudinario. Y de la dulzura de Dulce extrae el libro algunas aristas redondas.

Lo dibujos que acompañan a este volumen fueron hechos por el artista José Luis Fajardo mientras leía; es, pues, el primer lector de esta pintura. El prólogo lo ha escrito Manuel Vicent, desde la amistad, y es un exceso de amistad.

Está dedicado el volumen a Eva, como siempre, y a Luis Ángel, que ya viajan juntos; diversas partes del libro tienen sus dedicatorias particulares y explícitas, por tanto no las reitero aquí.

Escribir un libro es una pasión, sobre todo cuando no se quiso escribir, como en este caso; lo que se quiso hacer es un manual contra el miedo. Por si le sirve a alguien.-J.C.R.

EQUIPAJE DE MANO

La esencia del viaje, esa sensación de llevar algo en la mano, ocupar en el vacío el olor del que se ha ido. Por las ventanillas del viaje hay entre los asientos la costumbre del sol: penetra sin hábito, desnudo y fugaz, y nos despedimos de él en cuanto llegamos a la frontera de las nubes. Los minutos restantes, aquellos que nos llevan al cielo y nos dejan allí como una despedida, nos permiten ver desde el aire el contorno leve del mar: las olas sin fin, las gaviotas, una barca que ya se aleja como si estuviera previsto.

No dura demasiado la sensación del olvido. Retorna descuidadamente y surge en medio de un olor como parte de una palabra. Es en esencia el objetivo del viaje y es también lo que se incumple primero.

Qué nos conduce a viajar: dejar qué, ir a qué lugar, volver, acaso, de donde nunca hemos estado. En medio del viaje la vida es sólo transporte, traslado, transfiguración. Porque mientras tanto no pasa nada: simplemente, uno se va de cualquier parte y aún no ha llegado a ningún sitio.

El momento en que parece que descienden fatalmente los aviones coincide siempre con el instante más profundo de la inquietud y del sueño: qué va a pasar si ese descenso es definitivo. En el aire se padece el azar como una fatalidad que no puede controlarse nunca, e incluso el miedo resulta infructuoso, mitigado por el ruido descendente de los motores.

La conversación en vuelo, cuando la gente padece miedo o incertidumbre, es banal y rápida, de una locuacidad innecesaria. Paulatinamente, cuando parece más controlado el futuro del avión, la gente se calla, deambula con la vista y se ajusta, finalmente, el cinturón de seguridad.

Todas las cosas que se escuchan en un avión, sea cual sea el recorrido que haga el viajero, se reducen a veces a una sola palabra, y hay días en que esta palabra no es siquiera la palabra sueño.

El viaje con niños comporta un riesgo muy humano: lloran.

Me lo dijo Mahrukh Tarapor: «Cuando desembarco en Bombay el aire me dice que llegué al otro mundo».

Sólido, eficaz, el aire de la llegada recibe al viajero como si se hubiera apagado la luz en otro sitio.

Aterrizamos. Es la costumbre inesperada.

Una vez en tierra todo es agua en una isla. Esperamos en vano que se prolongue el mar sobre nosotros: el mar está en su sitio, hablando solo. Le escuchamos desde la tierra y ese sonido reiterativo que despide es la parte de dentro de un viaje. La tierra es, como espectadora de esa conducta monótona del mar, la gran ausente, la nada que contempla: sólo existe porque existe el mar.

A veces cuento la frecuencia de las olas: nunca dicen lo mismo y sin embargo las sigo como si repitieran siempre la misma frase. Aún no sé qué dice esta ola eterna. Acaso no lo sé porque desconozco que la escucho.

Agua. Es una palabra que se toca. Quien toca esa palabra toca a un hombre.

La orilla es engañosa: no existe sino en función de la fuerza del agua. La orilla es la debilidad de la tierra.

No hay una orilla, a lo largo del día hay tantas orillas como segundos: 94 400 orillas son incontrolables.

La gente no mira al mar: la gente cree mirarlo como si el mar fuera la superficie del mar. De pronto, la superficie del mar es su olor. Y cuando el olor es la pintura del mar sale al aire el fondo inexacto del océano.

Al borde del mar se habla como si no fuera a acabar el día. De noche ocurre lo mismo: en esa orilla imprecisa se tiene siempre la sensación de que hay una raya que no acaba nunca. Es el sueño.

Decimos la palabra aire y nos olvidamos de que está dentro. Cuando sale de nosotros toma la forma de la piel.

Esperar junto al mar produce una sensación de incertidumbre muy mitigada. Da igual que venga: el mar tiene también sus palabras.

Esa dejadez tiene que ver con el sol: mientras él está todos los ruidos son provisionales.

La ventana es la parte de acá del viento, el aire que se queda en el espejo.

El aire es solemne y exacto: viene y va limpiamente, camina sin prisa sobre la superficie del cuerpo, habla levemente de las cosas que sabe y si le escuchas notarás que en realidad duerme. El aire duerme tocándote.

Vivo ahora en el pueblo del viento: como si lo hubiera buscado, se ha quedado aquí y limpia las casas, las llena de arena, las habita como un ruido.

Decía: «El sol me impide pensar». Siguió en la sombra y se tapó los ojos con una mano. Cerrar los ojos es como mirar para otro sitio.

Hay viajes que surgen de pronto y producen la misma perplejidad que ocurre cuando uno despierta y cree que es otro el que ha dormido: qué pasa, quién es éste que se parece a mí. Luego el espejo, esa manera del viaje, lo pone todo en su sitio.

El sonido, dentro del espacio interior de los aviones, cambia de manera radical: en la calle, e incluso en el aeropuerto, o en el muelle, o en la estación, si uno viaja por otros medios, se identifica por el azar que genera; en el viaje, sin embargo, todo se iguala y el sonido se parece a todas las cosas, un murmullo aburrido que estuviera quieto. En el caso de los aviones, el sonido no varía jamás acaso para que ni siquiera el ruido sea un motivo de sobresalto.

El vuelo de los aviones, al contrario que el vuelo de los pájaros, carece de entusiasmo, porque tiene su objetivo: llegar. Y además sabe dónde.

Los aviones tienen un misterio en su expresión de pájaros con la boca cerrada, dóciles e implacables, pájaros impávidos que parecen quietos.

«Fabriqué un espejo con la arena» (Un telefilme en Bogotá).

Un hotel de Bogotá: música por los altavoces. Tenue pero insistente: cómo sería el silencio, cómo se percibiría, si no existiera la música.

El momento culminante del viaje se produce cuando uno se pregunta para qué lo ha hecho: miles de personas viviendo su existencia cotidiana y el viajero solitario y holgazán pide zumo de papaya, como si no pasara nada.

La impaciencia ajena obliga al viajero a sentirse ridículo cuando no tiene nada que hacer. Entonces inventa y sueña que su aspecto está en otra parte, y que ha de aprovecharlo: es mentira. Nadie se va de ningún sitio porque la memoria que está en el esqueleto no viaja nunca.

Bogotá tiene varios aires: el de la noche nos reconcilia con la atmósfera de donde venimos. El frío es igual en cualquier sitio.

Los viajes son una ocasión de sentirse extranjero: ¿y a quién matas en medio de la humedad de la playa?

Bogotá es una metáfora de la vida: como si la lentitud tuviera prisa. Una ciudad de viaje mientras la gente parece quieta.

El viaje tiene dentro de sí una sensación final, como de miedo ante la mitad de las cosas. El ruido interior de la distancia, los ojos buscando una soga en la que asirse allí donde la playa deja de serlo.

En días de fiesta el viajero cree que en el lugar de recalada todo el mundo duerme.

De las palabras que se usan para describir el viaje me inquietó siempre la palabra fuga.

Mientras se olvida, viajar no es una ruptura sino una prolongación aún más dolorosa.

Ana María leyó en Bogotá lo que antecede. Con sus ojos risueños del asombro bogotano añadió estas líneas con letra verde, su letra:

Existe también el Bogotá de nosotros sus habitantes, algunas veces gris y frío, y otras frenético y acelerado; donde la rutina algunas veces se rompe con la llegada de otras voces del otro lado del mar, que nos airean y nos permiten fugarnos a otros mundos... Sería posible también que conozcas otro Bogotá más cotidiano en un nuevo viaje a estos (*) misteriosos.

El misterio siempre está en el calor de las manos: cuando el calor surge da la impresión de que el viajero se lleva en su propia piel el país que visita. Luego, en sueños, descubre la razón del misterio: en realidad había llegado antes a los ojos de la gente que acaba de conocer.

(*) No se entiende la palabra que usó para sustantivar el misterio, así que todo queda más misterioso.

La visión romántica de un país, cualquiera que sea, se agranda con la distancia. Eso ocurre, quizá, porque la lejanía disminuye la intensidad de los ruidos.

El regreso se presenta siempre como una promesa: las cosas van a cambiar. Alguien te espera. No es así. Nunca es así, porque quien te espera te pregunta en seguida sobre el contenido del viaje, y entonces descubres que no debiste volver nunca.

Rotunda warning. Aviso de que todo es rotundo. Es una señal que se usa en los aviones para instantes de emergencia. Emergencia. Instantes: no momentos. La vida, como el viaje, es un instante precedido por el ruido de un aviso rotundo.

La música de los aviones calma los instantes previos al aterrizaje. ¿Qué calma la música? ¿La impaciencia por llegar? ¿El deseo de no llegar nunca?

Llegar es la palabra que precede al verbo estar. Pero, ¿llegar de dónde?, ¿estar?, ¿estar, si no se está nunca realmente en ningún sitio? Siempre se está llegando.

Sevilla es una ciudad de viajeros. Recalan aquí y se quedan asombrados de que el nombre esté intacto: Sevilla. Luego se quedan y comprenden. Los nombres no se pueden explicar, por eso antes no habían entendido nada.

Las ciudades son inmortales: resisten al calor, al aire, al viento, al frío, al resplandor, a la edad, e incluso resisten a la muerte y a las horas penosas. Luego son ruinas, pero han resistido hasta tal punto que cuando resurgen las memorias de las cenizas del tiempo la gente las canta como si hubieran nacido. ¿Qué hizo que las ciudades fueran éstas y no otras, qué calma, en las ciudades, la sensación ambivalente del amor y del odio, y las hace, a alguna hora del día, parecer lentas, quietas, un lugar para morir o para escuchar música?

Imagino, cuando estoy en un lugar como Sevilla, qué hubiera sido no haber nacido en ningún sitio. Una de las condiciones para ser feliz es haber nacido en una ciudad prestigiosa. ¿Qué prestigio tiene esta ciudad que nos hace felices?

Despertar es estar aún despertando. ¿A qué hora de este viaje que es la vida cotidiana se hace total, viscosa, la sensación de estar despierto definitivamente? ¿Dónde queda uno entre los dos abismos?

¿Por qué necesito pensar mientras viajo? ¿Es la soledad la que nos hace preguntas? ¿Qué soledad?, ¿la soledad propia?, ¿la soledad que vemos en los otros? ¿En qué lado de la vida reside el espejo en el que se refleja la soledad de los otros?

La soledad.
Voy a contar una historia de soledad tratando de soslayar los detalles.

Tenía una entrevista con Ingmar Bergman, en Estocolmo, era una mañana fría de diciembre. 1989.

Mi hija dormía y yo la vi dormir como si me viera en ese espejo que son los niños, con la emoción intermitente que sienten los padres cuando los hijos duermen y ellos, los padres, viven también el sueño que ya es ajeno.

Leí dos líneas de la autobiografía de Bergman. ¿Qué voy a preguntar luego si en ese párrafo está la vida de este personaje? ¿De qué podemos hablar si los dos —Bergman y yo— hemos contemplado un sueño similar y en realidad él ya lo ha contado?

Nevaba fuera y me esperaban con el tiempo aventado cerca del Dramaten, a una esquina del hotel.

Deseé que se terminara el tiempo, que por un momento dejara de existir el mundo: no acudir, no cumplir la cita, hibernar aquellos minutos eternamente. ¿De qué hablar? ¿De qué hablar con aquel niño que había visto retratado en aquellas líneas de la penumbra? ¿Para qué?

Ir. La vida es algo que no tiene remedio. Ante el Dramaten, una pregunta: ¿y si se hubiera puesto repentinamente enfermo?, ¿y si no hubiera entrevistas?

La escarcha blanca de Estocolmo quedó atrás y entramos hasta una puerta de la altura de un hombre: allí, en aquel marco escandinavo, de madera pintada de verde, estaba Ingmar Bergman, como un leñador austríaco, fuerte y sonriente, con los ojos perplejos y suaves, los dientes largos y limpios, una mirada de niño que no acaba de salir a la calle. La mano fuerte y saludable al final de un suéter verde. Plátanos sobre una mesa larga y baja, fruta, una decoración sobria, cuadros.

Le hablé primero de la infancia. Él juntaba las manos y me miraba a los ojos mientras yo hablaba:

—¡Qué ojos tiene usted! —me dijo.

Y hablamos mucho más allá del tiempo previsto.

Al final nos hicimos fotos mutuamente y no sé por qué nos reímos mucho.

Horas más tarde fuimos a cenar con los amigos que habían arreglado la entrevista. Ellos desconocían mi zozobra previa: ¿a qué ir, si ya lo dijo todo?

Al entrar en la casa mi amigo Gabi [Gabi Gleichman, escritor, periodista sueco], que había hecho que la entrevista tuviera lugar, me dijo, sin más:

—Ha llamado el director del Dramaten para decir que un minuto antes de que entraras en el teatro, Bergman le había dicho: «¿Y si este periodista no apareciera? ¿y si no hiciéramos la entrevista?».

Bacon se parece a Bergman la misma mirada desparramada sobre los rostros.

«*El rostro*», de los otros, la misma obsesión por lo que queda de los sueños de los otros.

Le pedí a Bergman una entrevista. ¿Para qué, de nuevo?

Beckett vivía en silencio y sus mayores momentos se los propiciaba el silencio del billar: horas frente al semblante opaco de un amigo. ¿De qué hablar? La concedió. Concedió la entrevista.

Esta tarde, cuando ya estaban hechos todos los preparativos, mientras yo vivía en Sevilla un momento habitual de perplejidad en medio de un viaje, todo se desmorona: Bacon pospone la entrevista. Se rompe el florero, se acaba la historia. ¿Para qué hablar?, habrá dicho él. ¿Qué decir? ¿A quién? ¿Qué escuchar? ¿De quién?

Me duché. Al fin y al cabo, los dos en el mismo barco, las mismas olas, igual necesidad de silencio, y en los dos lados de la balanza el mismo sueño: estar en silencio. ¿De qué hablar?

Pensé escribirle una carta: «Señor Bacon, mire lo que me pasó con Bergman» y relatarle la historia.

Busqué mis calcetines y esta libreta verde con la intención de descubrir mis sentimientos: cómo borrar una cita, de qué manera acaban los viajes, qué hacer con la memoria de lo que fue propuesto y se rompió. Las mesas rotas, las cajas rotas, las horas que nadie rompe pero se rompieron.

Tropecé entonces con el libro de entrevistas de David Sylvester y Francis Bacon. Lo dejé a un lado como si le estuviera poniendo corchetes a una historia, y fue entonces cuando empecé a pensar en la carta a Bacon: «Señor Bacon, mire lo que me pasó con Bergman».

Bajé de mi habitación y me senté en esta mesa de madera rodeada de una música ambiental y presumida y pensé: «¿Y si ahora suena el teléfono y es de nuevo que sí hay entrevista? Bah, para qué, ¿de qué hablar, con quién?». Y me dediqué a escribir pensamientos sobre la inmortalidad de las ciudades —desconocen el tiempo, la muerte y aún desconocen el futuro: las ciudades no son ni siquiera presente, sino memoria— y me olvidé de Bacon.

¿Y si sonara el teléfono?

Sonó.

«Te leo un fax.» El fax decía que alguien había persuadido al señor Bacon de que la entrevista debía realizarse.

¿Sentiría él lo mismo que yo ahora?

¿Y qué siento yo?

Decidir es como escuchar a los otros, esperar a que digan lo contrario. Decidir es, en cierto modo, desdecir de lo propio.

Pocas veces se hace.

Los extranjeros hablan como nosotros, pero en otro idioma.

Me gustaría ser libre: libre de mí. Esa forma extravagante de no haber existido. Recuperar la emoción de nacer de nuevo. Escribir cartas. Recuperar amores, instantes que fueron superfluos, una mano frente al mar mientras se derrite el hielo en los vasos vacíos.

Viajar es una forma de posponerlo todo, de hacerlo todo mucho más relativo: el ruido, la furia, el sueño. Todo como si fuera ajeno. Hablar, hablar. En realidad siempre está hablando otro mientras se viaja.

El nombre de Sevilla. Adoquines, casas, la gente caminando. Dejarlas bajo el sol, quietas, y ver esa foto —un jersey blanco, una camisa verde, una mano en posición de marcha, unos ojos ausentes— un siglo después. ¿Quién iba a mirarla con otros ojos? ¿Qué ciudad será entonces la que esté como suelo de esa fotografía? ¿Para qué andar deprisa ahora? ¿Para qué el sol? ¿Quién nos espera?

La soledad no la calma el tiempo, esa forma dilatada de la edad. La atenúa, si acaso, el ruido ajeno, la constancia de que en otro tiempo en esta región donde ahora no se oye nada se escuchaba la risa de un niño.

He comprado un cuaderno de dimensiones similares a éste y he pensado dedicarlo a escribir sobre la risa. Fue cuando me reí este mediodía. Me dije: ¿y cómo es uno cuando se ríe? ¿De qué color es la risa? ¿Cómo la ven los otros? ¿De qué se ríe uno cuando se ríe? Todo se convierte en una pregunta.

Por eso uno se ríe tan poco.

Viajar, decía, es como abrir un corchete. Viajo desde hace mucho tiempo. Viajo, viajo, viajo. Mientras escribo ese verbo tan transitivo me pregunto en qué lado de la tinta estará el otro corchete.

Dormir es un placer pospuesto.

Mientras se viaja las cosas se hacen a un tiempo prestigiosas y cotidianas, porque todo es mucho más lento: una gota de agua que cae lentamente hasta el fondo del vaso, gente que jamás habíamos visto y que cruzamos con la familiaridad de los vecinos cuando damos la vuelta a una esquina. Es bueno en los viajes pensar que el desplazamiento es interminable porque así dura lo justo: mirar a través de la ventana un paisaje que ya es nuestro para siempre.

Aunque nos vayamos ya al día siguiente.

Al día siguiente: ésa es la ventaja de dormir cansados; no hay miedo al sueño, ese siniestro personaje incontrolado.

Los prolegómenos del viaje son indeseables: tanta gente alrededor, tanto ruido inesperado, tanta casualidad inútil. El viaje empieza en realidad cuando nos sentimos efectivamente solos y de viaje.

Tenerife. Ocho letras: ¿se llega, se regresa? ¿Qué ocurre cuando volvemos al lugar de donde somos? ¿Por qué las circunstancias físicas producen tanta memoria? ¿Por qué la quietud del paisaje responde de esta manera a las figuras que se mueven en nuestra constancia del pasado?

Aterrizar es volver a poner, otra vez, un reloj en hora.

«Sin embargo, el viaje, lo que es viajar de verdad, la peregrinación y la romería de todos los años para sentir la sacudida de la duración, este entusiasmo complementario, ¿siguen siéndome necesarios?» (Peter Handke. *Poema de la duración*.)

Tenerife, luego Múnich, después Überlingen. ¿Dónde estoy exactamente? ¿Hacia dónde me lleva este viaje? A veces la propia palabra viaje, lo que lleva dentro, se convierte en un símbolo de la vida. Y cuando se para el tren en una estación, parece también que la vida lanza un mensaje.

Viajar solo cansa menos.

Al fin alguien ha sonreído en este viaje: una joven alemana de Múnich mira a unos niños que cantan mientras otro toca la guitarra. Ella sonríe, dice después, porque nunca había visto a un niño de diez años tocar una guitarra. Ella tiene cuatro hijos, dos de ellos minusválidos, y va a ver a una amiga que tiene cinco y ahora está enferma. Cuando sube al tren me muestra un arco que lleva para uno de sus hijos. Un arco de verdad, enorme, hecho de caña. «Tiene nueve años. Le gusta jugar como Indiana. Indiana Jones.» Los viajes ofrecen la posibilidad de poner en pie la vieja teoría de la desaparición: hablamos, me cuenta su vida y ya nunca más aparecerá en ningún otro viaje.

La vida está llena de paisajes. Enfrentados a ellos vemos que son nuevos, distintos. Cuando pasa el tiempo —la duración de la edad— nada parece diferente a lo que vimos.

Come una manzana. Hace el ruido de comer una manzana, y mira al infinito con los ojos indiferentes. Los ruidos de la manzana al ser mordida, los propios ruidos suyos al morder y los ruidos sucesivos y monótonos del tren contribuyen a hacer creer que pasa el tiempo.

Las ventanas oscuras y cerradas al atardecer dan igual cuando pasan los trenes. Lo verdaderamente excitante es fijarse en las ventanas iluminadas: qué vida hay en ellas, quién estará a punto de cometer en su interior qué acto de vida, quién vivirá, con qué angustia, con qué placer, qué esperan.

Ese es el verdadero paisaje cuando pasa el tren: la ventana iluminada.

Le he dejado el libro de Peter Handke y lo lee mientras se come su manzana. Sonríe como cuando ha visto que un chico de diez años toca la guitarra.

La miro por el espejo y sigue interesada en el viaje del poema. ¿Qué hace la gente cuando no la miramos? Nada, lo que quieren. Nadie tiene tanta memoria como para recordar que existimos.

Dos de sus cuatro hijos son inválidos: padecen de espina bífida y no tienen inteligencia. Después de haberme hecho esa confesión me sentí estúpido y apenas crucé una palabra más con ella. Cuando se despidió y la vi partir observé que se reía con un hombre en la estación.

Acaso el arco era un talismán con el que conservar el buen humor.

Gente de todas clases. Eso es lo que se ve en los viajes. Ahora, de vuelta a Múnich, viaja en el asiento de al lado una joven en cuyas piernas me fijé antes: su pierna izquierda tenía una herida a la altura de la rodilla, por detrás. Siempre da cierta ternura ver los defectos de los otros, sobre todo si son extranjeros. De sus pantaloncitos amarillos destacaban unas bragas breves. Se despedía de pie, frente a la ventana, y la estuve observando. Después de un cuarto de hora de viaje vi que se persignaba y se daba con la mano derecha unos levísimos golpes de pecho. Lo registro porque nunca vi algo parecido en ningún viaje.

He entrevistado en su casa de Überlingen al escritor alemán Martin Walser. Hemos hablado de la felicidad, la desgracia y la memoria, y le he hablado del poema *If* de Rudyard Kipling. Le he regalado el libro de Peter Handke que he citado en estas notas y él me ha regalado un libro con fotos de James Joyce y una botella de vino de esta zona de Alemania.

«Ha de beberse bien frío.» Él no había toma-
do aún el desayuno, que estaba fuera, en el por
che, esperándole. Un periódico bien doblado,
fruta. Cartas abiertas, platos. Dentro, dibujos
de Kafka, de Proust, de Robert Walser. Un pia-
no: «Mi mujer toca». Arabeske. Una quietud
extraordinaria. «Viendo la mesa del desayuno
—le dije—, da la impresión de que uno puede
acercarse a cierta idea material de felicidad.»
«Sí —dijo él mientras comprobaba los horarios
del tren—, lo que ocurre es que sabemos de an-
temano que también se acaba.»

Después de darse sus levísimos golpes de pe-
cho la chica come un bocadillo de salchichón.
Más o menos, es lo que venía a decir Martin
Walser.

El perro de Martin Walser se llama Robi, como homenaje al poeta Robert Walser, que no tiene nada que ver con él. Lo admira: eso es todo.
Uno de los hijos del perro vive al otro lado de la
calle. ¿Se hablan? «Sí, se entienden muy bien.»
Mientras estuve allí sólo se miraban. Nosotros,
sin embargo, estuvimos hablando dos horas.

Los viajes son los momentos supremos del silencio. En pocas circunstancias se halla uno más ensimismado que durante los viajes. Pocas veces en la vida se ofrece una oportunidad tan clara para enloquecer, para cambiar de sitio, para enajenarse.

¿Y si en la mitad de este viaje hubiera perdido la memoria, incluso las palabras que me conducirían inevitablemente a la memoria? Me hubieran identificado por mi pasaporte, me hubieran transportado a España, me hubieran enseñado mis objetos, mis fotos, mis recuerdos. ¿Y si todo hubiera sido inútil? ¿Si, en efecto, me hubiera quedado en medio de un camino sin memoria? Me hubiera alojado en un asilo, me hubiera buscado acompañantes igualmente enloquecidos y me hubieran olvidado allí. El que olvida está condenado a ser olvidado.

Es una sensación terrible la del olvido. No recuerdo esto, no recuerdo aquello. Quiero contar con quién sucedió y no recuerdo nada, quiero saber con quién fue y ese lado de allá permanece vacío, quiero rellenarlo, buscar ese lado quieto y hacerlo vibrar, devolverlo a la vida. ¿Quién estaba allí, con quién fue? No se puede recordar todo siempre; ni es bueno ni es necesario, solemos decir. Pero cuando ocurre, cuando en efecto olvidamos, se produce dentro de nosotros un milímetro profundo de extraordinaria soledad.

El restaurante móvil de los trenes sólo lleva viejos que comen sobre manteles, acariciando, ausentes, algunas flores de papel. En medio de esta atmósfera que viaja, yo escribo, solo, y miro por la ventana un paisaje indiferente. Europa, este viaje verde por el centro boscoso del continente. Un continente quieto mientras cruzo las vías y voy por ninguna parte en medio de un viaje que se hace a sí mismo.

Si los que me odian fueran tan perfectos en su odio como lo soy con respecto a mí mismo sería perfectamente retratado por los otros. Pero no son capaces: no conocen tan odiosos elementos de juicio como yo conozco.

«Un verdadero poeta.» He oído esa frase varias veces estos días. Habría que ser un verdadero poeta. Verdadero. Verdadero en algo.

«Dubito que haya gran qué.» Una frase de Hans Magnus Enzensberger. Le dije que parecía de Julio Cortázar, con esas mezclas de idiomas y sintaxis. Sonrió como si hubiera sido el elogio a un niño.

¿Cuándo empecé a escribir estas notas? ¿Por qué? ¿Para olvidar qué? ¿Para llegar a qué sitio? ¿Qué viaje hacía entonces? ¿De dónde venía? El recuerdo hubiera resuelto de golpe esas preguntas. Sin embargo, hubiera acrecentado el significado difuso, y tremendo, ruidoso, de la palabra edad.

De la mañana al mediodía la barba crece sin cesar, inevitable de los días.

Y las niñas, las niñas crecen incesantemente.

Partes del cuerpo que hacen su trabajo en silencio para que luego se vacíen de sentido en cuanto llegan la crema de afeitar, la hojilla, la manicura, y hacen su propio trabajo ante el espejo.

Los ojos, en cambio, no crecen nunca, y además son invariables ante el espejo.

La urgencia que la que Martin Walser fue a buscar una botella de vino para hacerme un regalo me resultó entrañable. ¿Es posible que hayamos perdido, que haya perdido yo mismo aquella antigua capacidad de emoción que puede haber en los pequeños gestos?

Trajo la botella de vino blanco como si fuera suya, hecha, fabricada por él, manejada por él en alguna bodega propia. E hizo una disertación que entendí luego: «Espero que no le parezca una inmodestia por mi parte que le haga este regalo».

En el vagón del restaurante viaja una mujer rubia que fue muy guapa. Ha sonreído alguna vez ante las torpezas del camarero y ha hecho como yo: ha tocado las flores para comprobar que eran de papel.

Lo más real de todo lo que nos sucede es también lo más efímero: me equivoqué de tren y fui sin saberlo de Ulm a Stuttgart, y cuando llegué a Stuttgart debí volver a Ulm para entonces reemprender el viaje hasta Múnich. En los viajes uno debe equivocarse para que se complete del todo nuestra apariencia de extranjeros.

Valérie en París. Resuelta y silenciosa, se pone una cortina en el aire y cambia la atmósfera de la ciudad. La hace a su modo, la oculta y la muestra al mismo tiempo. Me lleva a ver una película inglesa, *Rif-Raf* de Ken Loach: solidaridad, amor, droga, brutalidad, muerte e incendio. Una sala maloliente acoge ese filme que me llena de una depresión inesperada: el mundo es así, me dice Valérie al final, y yo me recuerdo ocultando mi mirada ante las escenas más violentas. El mundo es así. En el aire, cuando la película absorbe mi atención aunque sea levemente, me hago propósitos siempre muy serenos: no volveré a beber, seré más ordenado con mis papeles, procuraré querer mejor a la gente. El cine nos devuelve a la ingenuidad, a la creencia de que todo, incluso aquellas fantasías que se han destruido por completo, puede comenzar de nuevo. Luego, en la calle, la obligación de las palabras, la pesadez del silencio que se produce al final de la proyección, nos devuelven a lo que Valérie define con esas cuatro palabras cabales: el mundo es así. Salgo con sed de la película, y en la boca siento un lejano gusto a sangre y a sal, como si todos los sabores del filme se hubieran concentrado en esa parte gelatinosa de mi cuerpo, como si la película me hubiera traspasado. En la calle, el frío me hace decir sandeces, lugares comunes, y parece que Valérie se enfada: me sugiere que camine solo por la ciudad, pero creo que ya pasó el tiempo en que me interesaban las ciudades por sí mismas, como un objetivo del paseo. La geografía no sirve para nada: la belleza de las plazas es más eterna que los hombres. Nada interesa si no es la gente, la palabra es el silencio de la gente, su aliento o desaliento. Estar en silencio en una ciudad, ésa es la alternativa a estar en una ciudad. Valérie se queda en silencio, pone música y pasa la aspiradora, como si también me barriera a mí, y luego saca la basura, como si también me sacara a mí. El silencio, una vieja asignatura pendiente. Tengo sed. El cine me da sed.

La sed es como un recuerdo. Como el recuerdo de la sed. ¿Cuándo tuvimos sed por primera vez? ¿Quién la sació? ¿A quién le dijimos que teníamos sed? ¿De qué teníamos sed? ¿Qué sensación produjo la sed en nosotros? ¿Tuvimos miedo? ¿Creímos acaso entonces que la sed era insaciable, que nada la podría calmar jamás? ¿Por eso lloramos, previsiblemente, cuando tuvimos sed por primera vez? ¿Qué perdimos cuando nos dimos todas las respuestas sobre la sed? ¿Qué hemos perdido?

Estoy cansado, extremadamente cansado y débil, como si hubiera hecho un enorme esfuerzo inútil. Melancólico, ajeno a los días y a las noches, en medio de un desierto en el que permanezco en silencio sin fronteras. Viajar así, con esta pesadumbre, hace contradictoria la prisa de los aviones. ¿Llegar adónde?, ¿para hacer qué?, ¿para ver a quién?, ¿para entender qué música? Viajar hacia el centro del miedo.

Este cuaderno tiene un año. Yo tengo 43. A veces me da la impresión de que la velocidad de estos meses ha hecho que las palabras parezcan más viejas.

Son decisiones que no competen a nadie: a partir de ahora, el silencio.

A mi lado sonríen ojos rubios. Jovanka lee a Chomski. Yo le pregunto a mi espejo hacia dónde viajo y veo caer sobre mi cabeza el agua de la ducha, veo también una planta verde y un suelo de madera y una cama. Si miro más profundamente veo una orilla de arena y yo camino descalzo. Quizá no debí irme.

No tengo más alternativa: las horas pesan y los recuerdos también. El avión pasa a través de países de mayo y hay silencio y sol sobre las nubes. «No estaba preparado para sus noches», decía Cioran de Scott Fitzgerald. Acaso no estamos preparados tampoco para el viaje y para el sueño.

La vida es un homenaje retrospectivo.

El viento. Oh, el viento. Ahora lo recuerdo sobre mis ojos, hablando. De pronto es la ven-

tanilla abierta del asiento delantero y la niña ju-
gando a detenerlo.

No se puede detener el viento, pero ya no
existe.

A mí el firmamento no me dice nada cuando voy en avión. Está cerca, supongo, pero ni
se ve ni se intuye.

El avión es un paréntesis entre el aire y nosotros. Nos protege de ambas nadas.

¿Para qué? No está nada mal la pregunta.
En la respuesta está el siglo, más modestamen-
te, mi propia edad.

Acaso alguna vez el tacto nos puede salvar
del silencio infinito.

Cuando te golpean varias veces ya no levantas cabeza. ¿O es entonces cuando la levantas?

Mejor no lo hagas: con tu memoria pueden plantar árboles.

Un viaje, simplemente. El recuerdo se va transformando por dentro. Y cuando se forma el recuerdo el viaje ya no existe. Obsesivamente: es así siempre.

Abajo se ve la tierra. Me da igual la tierra. Me da igual el aire. No tiene sentido, pues, haber llegado.

Haber empezado antes, haber llegado antes, haber acabado antes.

No es cierto que los ojos sean invariables. Ni siquiera resulta invariable el paisaje, como es natural. Lo que no cambia no se aprecia por-

que varía de acuerdo con un ritmo interior, ina-
preciable.

   ¿Cómo cambian las cosas, quién las controla?
Nadie sabe cómo ocurre. Las cosas rotas,
las cosas que nadie rompe, pero se rompieron.

   Un psiquiatra sevillano descubre cuarenta
tipos diferentes de soledad. Cuarenta, o cuarenta y cuatro. La soledad como la parte de dentro del olvido y del cerebro, una forma intensa
de estar con las manos vacías. Hace mucho
tiempo que dejé de escribir en aquel cuaderno
de tonos verdosos, un viaje de bolsillo, reple-
to de detalles sobre la dificultad de seguir.
Ahora, cuando lo vuelvo a descubrir, lo toco,
descubro en él melodías y olores del pasado, de
lo que ocurrió, de lo que dejó de ocurrir, del
miedo y de la furia de seguir existiendo. Han cambiado muchas cosas en los últimos tiempos, pero sobre todo se ha acentuado alguna de aquellas
acepciones de la soledad. Se han amontonado
papeles en la casa, se han llenado de recuerdos
inservibles los armarios y casi todo lo que me
rodea parece hecho para decirme adiós.

¿Por qué dejé de escribir en aquel cuaderno? A lo largo del tiempo se ha acentuado la sensación de que las cosas se despiden de nosotros, de que nada está aquí para permanecer, de que en efecto ellas se rompen, pero antes nos vamos rompiendo nosotros mismos. Esa conciencia es la que elimina paulatinamente el deseo de seguir, de escribir, de contar, de decir ante los otros qué nos ocurre, qué pasó a nuestro lado. ¿Para qué? El silencio es, como tantas veces, el refugio de los solitarios, y la soledad es el destino final de toda esperanza.

Las soledades. La melancolía, la tragedia, la incomunicación, la era de los solitarios. Bah.

Todos hacen teorías, pero la respuesta está en el espejo, cómo huye de nosotros, cómo se sitúa ante nosotros la mirada de nuestros propios ojos, que son el primer reflejo muerto de nuestra esperanza.

Estar solo es mucho más complicado y tiene mucha menos poesía interior. Un trozo de pan, la música, la conversación inasible de los vecinos y de vez en cuando el recuerdo de un momento que no fue así.

Viajar arregla un poco las cosas, pero sobre todo por el carácter administrativo, repetitivo de los viajes, la ilusión de que escapamos a alguna parte de ningún sitio y de que por fin el paisaje que espera va a cambiar las cosas. No pasa nada en los viajes: se conoce gente, pero al término son ya, también, tan idénticos a los que has dejado como la propia consolidación del paisaje que acabas de descubrir. Todo vuelve, de pronto, a ser como todo fue antes.

He hecho dos viajes sucesivos, uno a Zaragoza y otro a Salamanca. Hallo a la gente bulliciosa, contenta, juvenil, como si el mundo les fuera bien. Yo me dejo arrastrar en esa vorágine de cartón, de alcohol y música. Cuando me quedo solo pienso en lo que queda en las manos después de este tipo de aventuras veniales, y cuando despierto al día siguiente me veo regresando como siempre después de un día de viaje. Regresar, regresar siempre después de un día, de un año, de mil días de viaje.

A veces trato de atesorar en mi interior sensaciones de ternura, íntimas sensaciones de felicidad, dar a alguna tecla íntima y conservar ahí, en lo más recóndito del alma, lo que me sucedió y fue bueno. Ese pequeño instante que Leonardo Sciascia llamaba felicidad. De pronto, sin embargo, me viene a la mirada la constancia del frío: no hay espacio en la memoria para guardar esas sensaciones, porque en seguida la memoria mira para otro lado.

El block en el que escribí la primera parte de estas notas de viaje me acompañó a todas partes como un amuleto. Después tuve otros fetiches, objetos diversos a los que atribuimos la capacidad de aliviar tragedias, precipitar fortunas, arreglar la vida. El propio block se constituyó en un elemento imprescindible de los viajes, como contar veinte o no saltarse determinadas partes oscuras de la acera para llegar indemne a cualquier parte. De pronto perdí el block, los amuletos, todo, e incluso robaron en la casa: las joyas, los recuerdos, pero quedaron en la pared, clavadas como la sombra, todas las historias que ocurrieron mientras hubo amuletos. Nos han robado tantas cosas, nos roban tantas cosas rotas que da igual preservarlas o no; nos van a asesinar de cualquier manera.

He estado en Tánger. Como en Asuán, los árabes hablan incesantemente, como si no tuvieran sueño. Tienen la dignidad evanescente de los pobres y tienen también la desvergüenza de los seres que saben que su sumisión a los demás es falsa, que su dependencia es una mera metáfora, que son esclavos superficiales y que ellos simulan, igual que todo el mundo, casi todo lo que hacen. Hace fresco, un tiempo muy parecido al que hace en Tenerife o en algunas localidades del centro de Las Palmas. El mercado es abigarrado y genial, lleno de olores y de mentiras: los árabes engañan en el peso, en el precio e incluso en los alimentos menos preciosos. A mí me vendieron perejil en lugar de cilantro, trocaron lo que pudieron con mi equipaje e incluso me robaron una simple cinta magnetofónica en la que únicamente había la primera parte de una entrevista a un hombre cansado y viejo, el escritor Paul Bowles. Encima de los viajeros que pasan por Tánger hay una pequeña espada damasquinada que se compone de recuerdo y de advertencia: es una ciudad que fue maravillosa y en la que hoy, en cualquier esquina, disfrazada de piedra de hachís o incrustada en un cristal de coca, va a aparecer el fantasma del engaño, una metáfora de la naturaleza humana en forma de ciudad del norte de África.

Casi todas las cosas que vi en ese viaje las vi deprisa. Vi deprisa los ojos de la gente, vi deprisa las manos de la gente, vi deprisa la fruta, vi deprisa el humo de los restaurantes, vi deprisa los rumores de los mendigos, vi deprisa mi cara en las esquinas de los escaparates. Desde hace años lo veo deprisa todo. ¿Acaso por ello voy tanto de viaje?

En Tánger, sin embargo, no huía de ninguna parte. Hasta que una noche, en la Medina, huí literalmente de una reunión en la que había un hombre inquietante, Larbi Jakubi, un diseñador de trajes de cine, de manos largas, huesudas y suaves, y otros tangerinos de su generación. Lúcido, poseído de una vibrante luz interior y de una memoria sin freno, hablaba de forma profunda y sabia acerca de la vida, de los recuerdos y de los otros, hasta que sus propios amigos le mandaron callar, como si estuvieran celosos de su lucidez. Fueron despiadados con él tratando de conducirle al silencio. Como si de hecho poseyera la verdad, hablaba y hablaba por encima de aquellas interrupciones. El lugar olía a humedad, las paredes blancas estaban tachadas por multitud de cuadros coloreados sin gracia alguna y poco a poco me fue entrando una extraña sensación de claustrofobia. Cerca del restaurante donde estábamos reunidos habíamos visto en el suelo, sobre un papel de estraza, cuatro o cinco pescados frescos esperando ser vendidos —todo se vende en Tánger, todo se vende en Tánger— y sobre la mesa reposaba ahora una dorada seca, rodeada de vegetales quemados, muertos; esta visión y acaso la influencia de un hachís rancio que nos hizo toser a todos, convirtió aquella atmósfera en insoportable. Sabía que Larbi no podría, en su estado de excitación espiritual, sacarme de la Medina, así que le hice callar y pedí a los otros que me llevaran urgentemente al hotel. No podía más: el aire me había dejado en silencio.

No podía responder a las preguntas de Jakubi, no sabía qué decir, dónde estaba, qué interés tenía todo aquello. Mi silencio se hizo cada vez más profundo. Cuando al fin pude dormir creo que me encontré hablando con Jakubi en algún rincón del sueño.

Tánger para volver.

Los pueblos dejan la memoria de lo que nos ha ocurrido. ¿Y el paisaje? El paisaje está quieto, como la tierra, y en él sólo se mueven a veces los corderos.

La música acrecienta a veces esa quietud, pero cuando pasan los días y ya se ha disipado el olor de lo que ha ocurrido nadie recuerda tampoco qué había en aquellas tierras, de qué color eran las puertas de las casas. Si acaso persisten en nuestra memoria los colores de los ojos de las mujeres tapadas con los velos oscuros.

Se viaja porque se ha reanudado una conversación, la posibilidad de un sueño, el tacto de una piel, un cuaderno nuevo. Por las calles de Lisboa terminé un viaje singular y risueño, co-

Items on Loan

Library name: Ballymoney Library
User name: Mr Curtis Gamble

Author: Cruz, Juan.
Title: Exceso de equipaje
Item ID: 0490403061
Date due: 24/7/2018,23:59
Date charged: 3/7/2018, 16:33

mo si el mar acogiera al viajero como una mano en la espalda. De nuevo en el sueño vi los ojos de la risa y el cuaderno se quedó de viaje en la niebla del aire de los años.

Al término todo es como quiere hacerlo el aire.

Epílogo o en todo caso
más de nada

Cuando terminé de escribir estas notas, que como es obvio fueron hechas en un levísimo cuaderno de tapas duras, en medio de las alucinaciones que he vivido en los últimos años, quise desprenderme de las sensaciones que me precedieron. Para quedarme vacío de esa experiencia lo di a transcribir todo. La persona que se ocupó de esta tarea vicaria y sin duda poco placentera me devolvió su trabajo con una nota en la que, junto a otros juicios personales sobre el manuscrito, indicaba que éste no era un libro —o librillo, como acertadamente ella misma indicaba— sobre los viajes sino más bien sobre las palabras.

Ahora mismo experimento que su sensación responde a una realidad que yo mismo siento porque viajo en un avión, me traslado de un sitio a otro del mundo en el que vivo —de Madrid a Tenerife, ida y vuelta— y me doy cuenta de que en realidad no voy ni vengo, ni siquiera estoy en ningún sitio: me instalo sobre palabras que dan vueltas sobre sí mismas y me hago la ilusión del viaje para ser de otro lugar.

No hay viaje posible, no vamos a ningún sitio, y es en los aviones —entre todos los medios de transporte, el más simbólico de todos— donde mejor se experimenta este hecho de la quietud vertical de los viajes. Aquí supongo que he hablado abundantemente de los aviones, un lugar que he frecuentado tanto y tan excesivamente en los últimos tiempos que es probable que ya hayan perdido sentido para mí. Pero me sirven como símbolo de mi vida en torno a las palabras, las palabras como único sustento y como único destino de una vida signada por la voluntad de tachar las palabras.

La escritura es una de las formas del olvido, acaso la más compleja porque en realidad simula el recuerdo: se escribe para borrar, para tachar lo que está escrito en la memoria, para transformarlo; se escribe para hacer circunloquios en torno al tema principal —a cualquier tema principal— y creer que se abandona la isla, la isla de cada uno. Samuel Beckett lo dejó escrito y yo siempre lo pienso: jamás se abandona la isla de nuestra infancia, el lugar en el que crecimos, el avión destartalado en el que ha proseguido nuestro viaje.

Ahora mismo escribo de regreso a la isla. En estas notas he escrito una vez la palabra Tenerife, que es un término misterioso que seguro que tiene un significado no sólo etimológico, verbal, sino profundo, porque las palabras crecen y son según su historia, y una isla es, entre todas las cosas posibles y reales, una cosa muy seria, un acontecimiento capital en la vida de los mares. Pero, ¿por qué he escrito a lo largo de mi vida, en que tanto he escrito, tan poco la palabra Tenerife?

Hace unos meses una amiga me pidió un texto sobre un amigo que acababa de morir. Durante el tiempo que transcurrió entre su petición y su apremio fui incapaz de escribir una sola línea de las requeridas. ¿Por qué? Cuando se hizo urgente la entrega expliqué por escrito lo que me había sucedido: la mente bloquea lo que le importa demasiado. Lo que ocurrió es tan simple como las amapolas: la mano sólo puede ser conducida, cuando se escribe, por un sentimiento profundo que en algunos casos exige una gran dosis de valentía, de vitalidad interior; esos casos tan exigentes son los que merecen la verdad. La verdad no existe, pero la sinceridad sí, y la sinceridad no se puede establecer en una atmósfera de cobardía. Cuando no se puede afrontar lo que ha ocurrido, porque no hay fuerzas suficientes para hacerlo, la escritura es imposible, y el asunto cercano es el más lejano de todos. Durante años recorrí en circunloquios agotadores la presencia de mi madre, que no sólo está ligada a mí por los lazos naturales de la procedencia, sino porque vivió a mi lado años de mucho infortunio, signados por la mala salud y por el crecimiento interior de la soledad, pero jamás pude escribir directamente ni una sola línea sobre ella. Recientemente, sin embargo, pude hacerlo, y además lo afronté con el sentido del humor que ella tenía y, además, con su capacidad para contar sin evasivas historias naturales, sucedidos reales que afectan a la gente viva. ¿Por qué tanto silencio durante tantos años desde su muerte? Es un fenómeno esencial de cobardía, de huida perentoria de aquello que de verdad merece la pena ser recordado, vivido de nuevo. ¿Y por qué escribí así después de tan largo silencio?

Las preguntas muy rotundas conducen al silencio. Porque es una expresión capital, un riesgo enorme, la verificación atroz de un abismo. Acaso uno escribe sobre lo que intentó dejar lejano, íntimo, inasible, porque ya se cierra el ciclo y uno mismo se ve regresar hacia el sentimiento que produjeron las primeras palabras, el origen de todo. Uno escribe porque regresa.

¿Y adónde regreso? La vida es el lado de acá de la muerte, el viaje de la soledad y del hastío. ¿Para qué hacer tantas cosas? ¿Para qué hacerlo? ¿Para qué dejarlo de hacer? La gente tan afanada, unos y otros buscándose mutuamente, unos y otros buscándose a sí mismos. ¿Cuál es el contenido de todas esas existencias atropelladas que viajan en círculo en torno a los ojos perdidos de la irrecuperable niñez?

Incapaces de hacer felices a los otros, somos versos que nadie escribió, espuma de agua que jamás borrará la espuma esencial, profunda, del recuerdo.

A través de la ventanilla entra la claridad. Tan duramente.

Escribimos como si fuéramos inmortales, recuerdos.

Hace tiempo que no compro espejos ni guardo en la maleta inservible de los viajes lo que se ve cuando ya no hay horizonte. Un cuaderno y un lápiz, sin embargo, me acogen al regreso como si volvieran otra vez los niños que conocí contando cuentos.

La sensación de escribir ha cambiado: ahora el estímulo es la soledad, la búsqueda de la soledad. Antes era la compañía, la búsqueda de la compañía. ¿Qué ha variado en mí para que el viaje sea de otro signo? Quizá ocurre que ahora estar solo es una perspectiva más profunda, más cierta.

Desde hace mucho tiempo no escribo cartas. Acaso porque yo ya no soy un remitente.

Soledad Arroyo puso en limpio la parte precedente I. Luego me escribió esta carta, que me animó a pensar que quizá valía la pena volver sobre lo escrito. Le dedico a ella el esfuerzo que me dio y pongo al pie su carta.

Mi querido Juan,

Aquí te dejo la transcripción en un diskette de tu libro, o librito, sobre el viaje, aunque en realidad creo que es sobre la palabra viaje, o mejor, sobre la palabra.

Me gusta, hay cosas que me gustan mucho. Pero en general me gusta, me recuerda a *En la azotea*, será por eso que me gusta.

Te he llamado varias veces, pero nunca te encuentro. He decidido no llamarte más. De momento.

APRENDIZAJE DEL MIEDO

1. La sensación siempre se aloja en el aire o en el estómago, que son dos cantidades pa.̇ ̇ ̇ ̇ ̇ ̇ las del miedo al tiempo. Cuando esta sensación proviene de la ternura, o de la memoria, es placentera o al menos presenta la suavidad de que se dota lo que ya se ha conocido. Cuando surge de improviso, y es perversa o al menos incomprensible, la sensación es de silencio y de pavor, un dolor circular que toma la forma que debe producir la dimensión del abismo.

2. Nunca se aprende tanto como para que uno sea capaz de detener —de poner en su sitio— la aparición de las sensaciones cuya perversidad nos conduce al pavor, a la confusión y a la incertidumbre ante lo desconocido.

3. ¿A qué tenemos miedo? Tenemos miedo a todo aquello que desconocemos. Ése es un miedo superior, anónimo, incontrolable, porque se produce porque no tenemos instrumentos para pararlo. No tenemos experiencia para pararlo. Pero también tenemos miedo a lo que ya conocemos. ¿Son iguales ambos miedos? No, no son iguales, ni se sienten por igual en ese espacio físico en el que hemos alojado las sensaciones derivadas de la incertidumbre.

4. El miedo a lo desconocido sólo se puede describir cuando se siente. Estamos ante una playa magnífica, en la habitación acolchada de un hotel confortable, y vemos ante nosotros el hermoso espectáculo, intacto y creciente, del horizonte. Todo es armónico, como el día que acabamos de vivir en la playa. Y, sin embargo, un pensamiento, la leve insinuación de un fracaso pasado o presente, o de la intuición de un fracaso, emborrona ese paisaje y se concentra en ese espacio circular que identificamos con el principio del estómago.

5. El episodio de la vida que más miedo suscita es el de la muerte. En una época que dura cerca de cuarenta años, o más, la muerte que

asusta —la que da más miedo— es la muerte ajena, la muerte de los próximos, la muerte concéntrica, familiar, la muerte anunciada, la muerte que vive con nosotros. De pronto, a esa edad, o a otra más temprana si ya se ha tenido esta experiencia del miedo ante la muerte cercana, ya el miedo no tiene un origen tan generoso, sino que se refiere al de nuestra propia desaparición.

6. ¿Cómo es el miedo ante la muerte propia? Es un miedo lento y perplejo, porque tarda en venir y porque ante su aparición todos mostramos un sentimiento de idéntica cobardía. Sabemos que nos va a pasar, pero es un viaje al que acudimos a rastras, como niños que no quieren regresar a una clase cuyo desarrollo identifican con la tortura.

7. Pero el miedo está ahí para mostrarse, y también para ser mostrado, para ser sufrido y visto. Así que cuando surge se recibe en el mismo lugar en que aparecen los restantes miedos. Mas este susto ante la muerte propia se aloja también en otros lugares: reseca la boca y traslada a la saliva una sensación inédita. ¿Cómo es? Puedo decirlo ahora mismo, porque la siento así en este instante en que escribo, pero estoy seguro de que

sería incapaz de definirlo en otro momento. Así que aprovecho para decir cómo es la saliva cuando se tiene ese miedo y no otros: se concentra suave en la punta de la lengua y se establece ahí con la lentitud de los sentimientos no requeridos. Es lo único que en ese instante endulza la sequedad general de la boca. Cuando nos distraemos y el miedo se pone a un lado la boca se olvida de lo que acaba de ocurrir casi al tiempo que de lo mismo se olvida el alma, o la memoria.

8. El alma es la memoria de los sentimientos.

9. El miedo habita, pues, en el alma, y como ésta es una constante mucho más eficaz y duradera que la memoria el miedo no se acaba nunca. Nunca.

10. ¿Qué es el miedo? El miedo es el recuerdo de lo que le ocurrió a los otros, la evidencia de que lo mismo nos puede suceder, la experiencia colectiva concentrada en un determinado lugar del cuerpo, el sentimiento que anula cualquier otro paisaje personal, la parte de atrás de la felicidad, la constancia azul cobalto del abismo. La mano de la nada sobre cualquier esperanza.

11. No sólo de la muerte tenemos miedo. Hay otros abismos. Muchos vienen del aprendizaje.

12. Lo primero que aprendemos, quizá, tiene relación con el miedo. «No hagas eso.» «Eso no se hace.» La mayor parte de las primeras sensaciones se aloja en la zona difusa y a veces terrible del temor a lo desconocido. No se puede tocar retrospectivamente este lugar viscoso en el que se halla ese conjunto de sensaciones, pero podemos percibirlo en las consecuencias que tiene en nuestro propio estado de ánimo.

13. La armonía excepcional de una playa en la que fui feliz. Cuando el extranjero rompe esa felicidad insustancial, incomprensible pero cierta, que hay en el paisaje humano y natural que describe Albert Camus el lector advierte que algo suyo se rompe también en su interior. Cualquiera pudo haberlo hecho, cualquiera hubiera podido apretar el gatillo de hierro contra la vida ajena, o contra la propia armonía de las playas.

14. Y, sin embargo, uno sólo comete ese acto mientras sueña o en el borde de la duermevela,

cuando todas las cosas resultan irreales y cada una de esas cosas irreales se presentan como posibles. Aquella luz cegadora de la playa de Orán surge pocas páginas después de aquella tremenda confesión tranquila: «Hoy mamá ha muerto, o quizá fue ayer, yo no sé». Todo el resto, después de ese gesto olvidadizo y tremendo, resulta una aparición falsa, una sugerencia del paisaje de arena y de muerte: un ejercicio en la duermevela. Y es ahí donde el hombre aprieta el gatillo y destroza la breve armonía de la playa de su infancia.

15. En *El extranjero* el sol actúa como el azar, indolente y viscoso, brutal. Definitivo. Nada se puede hacer para pararlo: Espronceda quería detener el sol para saludarlo. Pero el sol no entiende; nubla la vista y conduce el gatillo hasta el cuerpo de otro hombre igualmente cegado por el sol. No se detiene. El miedo es la humedad que produce la contumacia del sol.

16. Todo es inevitable y por eso no hay que taparse los ojos para impedir el sol: nublará la vista del mismo modo.

** A Dulce, que lo sintió.

OBJETOS PERSONALES

Un filo de luna

Un filo exacto de luz domina las maderas por las que asomas al mundo.

En el aire que respiras por primera vez cada mañana amanece la mano de un niño.

La primera palabra que dices es la voz perezosa de los sueños.

Inauguras la vida con la mano en un ojo y pronto el otro ojo abre también la rendija de luz que te concede la luna.

Al fondo de ese horizonte la luz se vuelve verde y pronto azul y de pronto también roja, fucsia, arcoiris, luz de los colores que te ven surgir del blanco profundo de tu cama.

Eres, en ese instante, también el filo de luna que te acoge, y eres la blancura del mar y su misterio.

Biografía

El espectáculo del nacimiento era entonces una aventura doméstica, el universo de los grandes atareados por tu llegada, la casa llena de la gente silenciosa cuando espera.

Tú debías ser desde entonces una risa en la calle.

Imagino más tarde tus ojos sobre la gente, la curiosidad de los niños en tu rostro, el símbolo del viaje futuro, las ciudades que amanecen para verte.

Y de pronto surges con todos los años anteriores, y cuando veo tus ojos desde este recuerdo imagino que acabas de nacer y me ayudas a ser contigo una risa en la calle.

La calle

Ahora es casi de madrugada, de modo que la vida es una calle al final de la cual se ve la luna, como si tuviera la enfermedad de la arena. Ahora mismo hay una luna menguada que mira por encima de las luces falsas los ojos de la capital del neón. Madrid siempre se detiene, al final de la primavera, al compás de una luna escasa que se parece al contorno de la playa que espera las lentas olas mansas de un mar que aquí no existe. He tenido esta noche la sensación de que se acaba el mundo. Manuel Vicent, un niño del Mediterráneo, dijo una vez: «El fin del mundo puede esperar». Y, a veces, ese final del universo se parece a lo mejor que puede ocurrir: se para el tráfico con una red de papeles blancos, los niños dejan de ir a la escuela y juegan con lápices en sus dormitorios. El mundo afuera es lo único que se mueve: una luna que se parece a la playa mientras duermen los recuerdos de la prisa. Algunos adolescentes mascan chicle en una esquina y a mí me atracan unos dólares que aún conservo de un viaje antiguo y desmemoriado. Pero ignoro que, a esta hora, lo único vivo está allá arriba y es la luna.

Desorden

Esta casa está habitada por la memoria del desorden. Se amontonan papeles inútiles en las habitaciones descuidadas y todo lo que toco se convierte en la parte interior del caos. El desorden es una herencia y es también la consecuencia de la decepción: para qué ordenar lo que al fin se rompe, para qué persistir en la existencia de las cosas si éstas se disuelven en el polvo de la nada. Caos y cosa se parecen tanto que una y otra se juntan en su consecuencia, en su episodio terminal, en su propia naturaleza. Y de todo ello nace el desorden.

Escuela

Olía a escuela en todos los pupitres. Los niños se miraban desde el aire inmortal que tiene la infancia. Yo recorría con mis ojos las manos rugosas y peludas del maestro y no sé qué me preguntaba, entretenido en comparar la longitud de sus dedos con la de los míos. Años después, al ver una fotografía de la época, me di cuenta de toda la ingenuidad que guarda el cuerpo antes de la adolescencia.

Despertar

Decía Kafka que despertar es el momento más arriesgado del día. Es el instante en el que la perplejidad nos hace formular la pregunta principal: a qué volver. En esa circunstancia en la que en efecto estamos volviendo registramos las primeras palabras de la jornada y todas tienen que ver con la rugosidad de lo perentorio. La actualidad se manifiesta entonces como el tiempo que aspira a ser eterno y en realidad no es nada. Ése es el riesgo de la mañana: señalarse como definitiva cuando en realidad tampoco es nada.

Despertar 2

El primer sabor que recuerdo es el de una uva de moscatel. Era blanca y puntiaguda y hasta ella me subió mi abuelo cuando yo era un niño. Estaba en un racimo medianamente azufrado del patio de mi casa. Era a media tarde, cuando uno veía a los abuelos. Él me subió en brazos y me indicó qué uva debía comer. La eligió con la vista, como si ahí residiera su capacidad de sabor, porque el tacto no dice nada del gusto de las uvas; cogí la que él me señaló y me la puse en la boca como si hubiera sido la primera vez de Aureliano Buendía frente al hielo. A lo largo del tiempo la vida me ha dado muchas frutas; algunas han sido amargas y otras, como el membrillo, resultan secas por fuera, como el tacto de los desconocidos. Delante de mí tengo ahora un plato de uvas blancas, como si regresara la ilusión del tiempo feliz. Aquel sa-

bor no volverá jamás, pero cada vez que prue-
bo alguno similar siento la mano de mi abuelo
llevándome a aquel rincón de las uvas. El sabor
de la infancia es el sabor del alma, el primer sabor en mi boca.

Despertar 3

En mi memoria hay un árbol que se parece
a Unamuno rezando. Está en lo alto de una
montaña y en mi recuerdo crece como una palabra. Ese árbol no tenía frutos, pero lo mirá-
bamos como un alocado habitante de las nubes,
siempre igual y siempre diferente, desafiando
la soledad y el viento. Durante años lo vi desde la ventana de mi casa. Mientras lo contem-
plaba desde la imaginación sin horizonte de la
infancia, mis dedos iban creciendo con el vaho
en el cristal y el propio árbol se iba agrandan-
do como la sensación de fiebre que se apodera
de los niños. Era la síntesis de misterio y paraí-
so que buscamos con los ojos desde las ventanas de esa edad. Un día una excavadora —de
mi padre, probablemente— lo hizo huir de la
memoria. Pero no puedo olvidar que está ahí,
y tampoco soy capaz de ignorar la dimensión

que el vaho y el tiempo le iban dando a mis dedos. Ahora no está el árbol y tampoco crecen mis dedos en la ventana. La soledad es siempre una ventana que mira a un árbol. Debajo del árbol hay dos soledades, y en la ventana se juntan. El árbol se llama labio y la ventana se llama mirada, y por tanto olvido.

Baquelita

Cuando era niño mi hermano inventó el teléfono supletorio. Él es un mecánico muy diestro, y ya lo era entonces. Aquella habilidad le permitió instalar junto a mi cama el viejo teléfono de mi casa, desde el que yo pugnaba, durante los largos meses de mi convalecencia, por ser útil a los otros, dándoles conversación o noticias. Desde aquella cama establecí las primeras relaciones profundas de mi vida. El teléfono fue para mí el primer juguete, el juego más sólido, un sentimiento de baquelita. Ahora el sueño es también la llamada que no llega, o aquella que uno nunca hubiera querido hacer primero. Sé que hay otros juegos. Pero en mi memoria queda el beneficio del teléfono como la única posibilidad que tiene el hombre de convertir el sueño de verse en la posibilidad de escucharse. El resto es silencio siempre, pero vi-

vimos pendientes de un hilo que cuando no es de juguete es de palabras, y cuando es de palabras es de sueño.

La radio

En casa había una radio cuya antena funcionaba mejor al calor de los dedos de los pies. Aquel hilo me conectaba con el mundo y sin duda hizo posible el vuelo del que era capaz mi imaginación. Vi tantas cosas gracias a aquel cable que hoy se me antoja que una de las carencias que impone la edad es la ausencia de la ingenuidad con la que entonces me creía las palabras.

La radio 2

Esta noche he vuelto a escribir a máquina. Está en la redacción, desvencijada, como desnuda, perdida y solitaria entre ordenadores perfectos. A su lado reposan unos folios blancos y uno de ellos está roto, como si hubiera servido para que alguien anotara el número del teléfono donde se halla sin sueño el último oyente de la noche. En la máquina reposan las memorias de miles de dedos que aquí hicieron los guiones de los programas que escuchábamos de niños. Acaso en las abuelas de estas máquinas reposaron los ojos de Juana Ginzo y de Pedro Pablo Ayuso antes de grabar *Matilde*, *Perico y Periquín*. Me han preguntado si quería escribir en el ordenador o en esta vieja máquina olvidada, y al depositar sobre la mesa la necesidad de decir algo me he visto escuchando de niño la radio y el sonido de esta tartamuda hermosa, de esta máquina con tanta historia supuesta; así que he optado por creer que hoy es siempre todavía y me he puesto en los dedos la melancolía de tantos que fuimos los hijos de la radio.

Paréntesis

Los aviones son el paréntesis entre el ruido y la nada.

Los cines son el escenario de lo que hicieron los otros y allí somos los protagonistas.

Las aceras son las fronteras de las casas. Las calles nos acercan. El mundo es tan enorme que produce abismo saberlo tan doméstico.

Ahora leen mis cartas en la radio y yo no sé si es mía o inexistente mi palabra: sé de qué calle viene, cuándo oí por primera vez lo que escuché por radio.

La primera radio la llevó mi padre a casa. Mi madre creyó que aquella novedad iba a acabar con el silencio de las tardes, cuando ella recogía y limpiaba y parecía paralizar así el paso del universo. Fue tal su furia contra la radio que los hombres se tuvieron que llevar de nuevo aquel aparato, que entonces constituía la voluntad eléctrica, asustada, de la voz. Luego volvió la radio a casa. Y nunca podré decir cuánto hizo contra mi soledad aquella hermosa voz desconocida. La radio. La primera vez que llegó a casa una noticia, el íntimo sonido de lo que pasaba en otra parte. Aquella primera noche fue el inicio de un paréntesis que en el conocimiento de las cosas cotidianas me establece siempre la radio, el espacio que hay entre el extremo de acá y el extremo de allá de la vida.

Café

Toda mi vida está llena de café e incluso ahora he rescatado de la casa de mi madre una fotografía en la que aparezco de pie, escribiendo en un estadio, y encima de aquel viejo retrato se halla, ya indeleble, voluntariamente aún, para siempre, la mancha rotunda del café. El regreso de la espuma del tiempo. En esa fotografía tengo trece años y miro hacia lo alto, seguro que hacia la cara del fotógrafo. De todo ese paisaje —detrás están los emblemas del campo de fútbol de mi pueblo y yo mismo estoy sobre la cancha, esperando que comenzara un partido— lo que más me ha interesado es el café que un atardecer derramó mi madre sobre la foto, como si fuera el testimonio retrospectivo de una caricia profunda.

Desorden 2

He vivido años de mi vida rodeado de palabras, demasiadas veces de mis propias palabras. El silencio ha sido siempre una amenaza y también, como despertar, un riesgo. El ruido propio y el ruido ajeno producen un enorme desorden interior, la sensación de un cristal inservible. El silencio contribuye a limar el desorden, a hacer más profundo el tiempo, más ágil el aire de lo que pensamos en la soledad. La mala conciencia nace del desorden propio, de la densidad del ruido.

Poemas

Estos papeles escritos siempre al amanecer se iniciaron con aquellos poemas de amor sobre la radical velocidad de la luna y prosiguieron con una autobiografía escarchada en la que aparezco de vez en cuando de la mano de un niño. Mi vida es eso, la perplejidad de haber nacido, la perplejidad de seguir sin la mano de aquel niño en la mía.

Frío

Huelen a espuma los versos que guarda el mar al borde del frío, esas torrenteras del Cantábrico, el hijo menor del Atlántico; saben a arroz, detenidas, las cosas hirsutas del Mediterráneo, y en alguna playa, feliz y solitaria, de Cuba, un chiquillo será, como éramos cualquiera de nosotros, cuando contábamos su tiempo.

Difiere el sonido del mar en todas partes, pero los seres humanos guardan en sus ojos la ansiedad de igual melancolía, la ausencia detenida, eterna, de una buena respuesta.

En el fondo del alma de los hombres, de todos los hombres, hay un niño que alza la mano por encima de una ola rebelde y busca a su madre con los ojos de vidrio y de sal.

Cuando pienso en estas cosas es como si viniera la noche y precisara en mi mente las ma-

nos que he perdido. Y quería decirlo, para saber, yo también, qué me pasa.

Dolly, Onetti

Dolly es música. Juan Carlos también lo es, pero sus líneas están compuestas por palabras, silencio y risa asustada. Él tiene cambiado el sueño y lleva tantos años en la cama que cree que en las calles de Madrid hay escarcha. Ella piensa que detrás de las voces hay un violonchelo mudo y él imagina que el violonchelo es la voz que proviene del bote de coca-cola que compartió con Rulfo a media tarde hace tanto tiempo en las playas. No ignoran que la música es propiedad del viento, porque ellos son del viento meridional del que nacen los sonidos. Desde sus ventanas tapiadas podrían ver olas de Acapulco o montañas de Uruguay. Pero como él se llama Onetti todo lo que toca se convierte en una palabra misteriosa cuya melodía se llama como ella.

Canciones

Del mismo modo que mi vida está llena de palabras, también está cubierta de canciones. Las que oí de niño, las que escuché de adolescente, las que he vivido cuando ya la edad es un conjunto tal de recuerdos que los años que tenemos se constituyen en cualquier edad. No tengo memoria para ellas y tampoco sentido del ritmo, pero me gusta la textura de la música y cada vez que oigo una melodía bella que me sugiere un pacto con la felicidad le concedo el valor de una autobiografía. Después que se acaba la canción siento el enorme vacío de saber que hay que improvisar una melodía nueva para hallar otra vez el tono de lo que hemos perdido. Pues las canciones sólo nacen de la frustración de los que conocen que la música también es escasa y en su contexto humano se acaba. Se acaba.

Los sonidos del sueño

Por supuesto está el llanto en el origen y después todo es llanto y una pregunta: de dónde viene. La música, como el llanto y como la risa, alivia el pasado y contribuye a tener la impresión de que el futuro será mejor. Para los que no conocemos música, su misterio se parece al misterio de la vida y de todas las cosas cuyo símbolo es mayor que su cuerpo. De dónde viene: viene del mar, de la niñez, de todo lo que se desconoce a sí mismo. Viene de la tierra y viene del alma. Es el abismo y es el árbol, y es simplemente la orilla de la playa de la que provienen los sonidos del sueño.

Estar con otros

Mi vida no sólo ha estado cargada de palabras sino de otros. Nací sociable y he permanecido en esa actitud hasta llegar al lugar de la curva donde la soledad aún es posible, donde aún es posible el silencio. ¿Cómo salir de ese lado en el que se percibe tanto ruido? No se sabe; el silencio es la espalda del ruido: hay que volverse hacia el otro lado y acaso ahí esté la soledad que busca esa parte nuestra que no cesa de hablar y de estar con otros.

El tiempo

Pasan las horas y al fin la acumulación del paso sigiloso e implacable de esos minutos constituye el tiempo, lo que peina nuestros cabellos, la mano doble, el tremendo frío que nos trae la edad.

Aniversario

Terrible saber que alguna vez el año empiece en tres, ese número que hicieron los camellos para decirle sí a los caminos tortuosos. Nunca hubiera pensado, siendo niño, que los años serían tan implacables. A veces duermo pensando que vuelve el tiempo en que los años no esperaban a los hombres sino que iban con ellos. Quise a tanta gente. Fui tan feliz con ella, y ahora me asusta tanto saber que a esta hora no hay nadie al otro lado. Se achica la historia. La vida es la gente, el amor por ella, el desprecio del tiempo porque existe para siempre. El año es la frontera y hoy la cruzamos tan tarde.

El viaje

De nuevo el viaje. Es la prolongación del aire, pero es también otra ilusión: nada cambia, todo es. Lezama decía que no había que moverse para percibir el mundo, y en su escritura se demuestra que la quietud es el origen y la sazón de la metáfora. De todos modos hay que someterse al agua para que comience el día. No hay modo de parar, dicen: ésa es la fatalidad en forma de destino.

Pueblos

Delante de Pasajes de San Juan, en Donosti, hay un pueblo que se llama San Pedro, Pasajes de San Pedro. Los dos pueblos no pueden ni verse; la razón es atávica y ha pasado tanto tiempo que seguro que ya es más una broma que un odio.

San Juan es muy bello y San Pedro no; unos se reprochan a otros los rasgos que les distinguen y los de San Pedro se hallan felices de ver ante sí un pueblo bello y se burlan de San Juan porque ellos ven ante sí un pueblo feo. La compensación es la ley de la envidia recíproca, el espejo que a cada uno conviene.

En una casa de Pasajes de San Juan escribió Víctor Hugo su *Hernani* y por delante de un castillo magnífico pasan los barcos como si vinieran a desayunar. La gente ha apoyado tanto las manos en la balaustrada límite de este pueblo donostiarra, para ver el mar, que el cemento ya ha adoptado la forma de los codos.

Hay un restaurante estupendo que fundó su dueño hace ciento cincuenta años. En lugar de su foto sus parientes tienen allí el retrato de Víctor Hugo, pero están preparando la resurrección postal del bisabuelo para situarla allí en el lugar que ocupa hoy el autor de *Los miserables*.

Para llegar a Pasajes de San Juan se puede ir por carretera, pero se tarda más. La gente viene en barca desde San Pedro; una vez hice el viaje durmiendo; era la primera vez, y creí que había pasado un siglo mientras transcurrían aquellos tres minutos de trayecto.

Al final del día y de la historia la gente y los pueblos terminan necesitándose.

El miedo

He escrito mucho sobre el miedo y lo siento.

El miedo 2

No es fácil decir que se siente miedo: los que escuchan nuestra confesión sienten un miedo igual. Aterra siempre la debilidad ajena, la fragilidad de los otros, como si fuera a salpicarnos.

El miedo 3

El miedo es lo que se siente en el abismo o en el borde de todas las cosas: en el borde de la felicidad, en el borde de la desgracia, en el borde del sueño. El miedo tiene sus reglas y también surge cuando no hay por qué sentir miedo.

El miedo 4

Miedo. ¿A qué? Miedo a nada, el miedo difuso, estable; un miedo abstracto y perfecto.

El miedo 5

El miedo al tiempo es el miedo. La persistencia de los años. La constancia del tiempo y también el miedo a la pérdida del tiempo.

Mayúsculas

La vida es en mayúsculas y minúsculas. Una novela que se escribe de corrido, en minúsculas, en la juventud, y que luego se escribe en mayúsculas y minúsculas, cuando se tiene esperanza; finalmente, como la vista no da de sí, la novela sólo se escribe en mayúsculas. Ahora escribo aún con todo tipo de letras.

La letra de los niños

Tengo un amigo que se llama Enrique al que le regalé una vez un cuaderno blanco. Lo fue rellenando con la experiencia de sus siete años, como si fuera un amuleto: ni un día sin línea. Letras grandes y desgarradas, como si abarcaran el tiempo, el futuro y el ahora mismo. Los niños no tienen pasado: por eso escriben así.

Distancia

La vida se rompe cuando desaparecen los más próximos. No se sabe nunca cuándo se va a percibir esa orfandad, pero al llegar se apodera de todo como si fuera la mano que vemos detrás de las puertas de los sueños.

Regreso

He vuelto a estos textos para verificar quién era yo mientras los escribí. Siempre han surgido como una prolongación del sueño, pero acaso son la única realidad del día que me espera en cada caso.

Habitación

Escribo en una habitación pequeña, oscura, que ya guarda sus propios ruidos. Los cuartos en los que uno vive adquieren un misterio que nos corresponde sólo cuando somos conscientes de su existencia. En realidad tienen su propia vida, y a veces no nos dejan entrar.

Diarios

Acabo de descubrir diarios en los que escribí hace años impresiones parecidas a éstas. Entonces estaba preocupado por la soledad; ahora sigo preocupado por sensaciones similares pero hablo además del miedo y de la edad. El tiempo sólo sirve para que uno sepa más anécdotas y, además, para que haga relativas las obsesiones del pasado. La soledad es el destino del tiempo y la propia palabra lo dice, sol, edad. Esa combinación de soledad y de tiempo es lo que sustenta toda la escritura que hacemos: el carácter inevitable de lo que surge de esa mezcla es la melancolía. Acariciarla —acariciar la melancolía— es una obligación de las palabras, que así se convierten en reiteradas, lo único que se prolonga con nosotros.

Inmortalidad

Dice Alberto que un gurú al que frecuentó hace años tenía —y ejecutó— la capacidad de morirse, es decir, de no-estar, según su voluntad. Cuando ya creía merecer lo que él llamaba su propia trascendencia, cenó con sus adictos —los próximos a su manera de ver la vida— para despedirse de ellos y al término se dirigió a su habitación e hizo desaparecer su cuerpo. Allí se quedó su alma, en la vida de los otros, pero él se fue sin otro trauma. Acaso el ejercicio de esa voluntad es lo que puede convertir a los hombres en inmortales, pero muy pocos tienen la posibilidad de llegar a la frontera de esa trascendencia y merecerla.

Los peces

Hay un cuadro rojo en mi comedor, sobre la mesa de madera. En el cuadro hay un grupo de peces ciegos que no saben qué hacer con el mar que les rodea. Uno de ellos es azul y cruza insomne la superficie plana del cuadro. No sabe adónde va, pero está claro que se desplaza. Siete peces blancos huyen hacia el lado contrario y van juntos. No se sabe qué peces tienen la razón, o la razón del destino que han escogido, y se desconoce también si el pez solitario va a un lugar mejor que los peces que parecen insomnes y gregarios. Esta noche he pensado mucho delante de ese cuadro y sólo sé que desconozco de qué color serán mañana los peces que huyen.

Domingo

Hoy es domingo, un día con telarañas.

Insomnio

Dormir es una forma de la despedida, acaso la despedida misma, la posibilidad provisio-
nal de decir adiós a todo esto. No dormir, pa-
decer insomnio, es exactamente lo contrario: es
quedarse aquí con todas las preguntas que en la
hora de la noche en que se produce la imposibilidad del sueño se parecen a una sola, incon-
trovertible cuestión negra, la viciosa evidencia
de que no hay respuesta.

Escribir

Escribir es un ruido y al tiempo es el resultado del silencio. Una actividad secreta a la que sólo contribuyes tú con tu memoria. Es una casualidad magnífica y misteriosa que sigue siendo lo mismo que un milagro. Calma la ansiedad de la mañana y también el horizonte oscuro de las noches. Retrata la vida y sobre todo refleja el alma propia. No sirve para nada: sólo para dejar constancia de la perplejidad que se siente al saber que incluso eso es posible.

Casualidad

Lo dijo ayer el poeta Mario Benedetti contando una coincidencia feliz con el cantante Daniel Viglietti: «Tenemos que hacer algo con esta casualidad». Parece un poema tuyo, le dije. «Pero le falta una sílaba», me respondió después de contar los versos.

El tren

He hecho un largo viaje en tren: el tiempo existe dentro; afuera, el paisaje va tan deprisa que resulta indiferente. Se suceden los pueblos y las ciudades, así como las diferentes orillas del mar Mediterráneo. A mi alrededor se producen decenas de conversaciones casuales que no quieren ir a ninguna parte. Algunos viajeros van de Barcelona a Cádiz, que es verdaderamente un largo recorrido. Aquí no hay ni teléfono ni otras distracciones que las que nuestra mente sea capaz de procurarse. En tiempos de una depresión profunda o de determinada angustia personal, yo no sé qué pasaría en ese tiempo interior que son los trenes.

El fuego

El viaje me llevó a Valencia: tres horas y media de soledad y de silencio. Al llegar, a las dos en punto de la tarde, se produce la primera *mascletà* de las Fallas. La gente asiste atónita a ese espectáculo reiterado, del que al final quedan la memoria del ruido y una zona llena de humo que parece el recuerdo de una batalla terrible pero incruenta. Al final los valencianos, que son naturalmente expertos en este particular espectáculo, exclaman que todo ha ido muy bien: lo dicen por la densidad del ruido, por la contundencia del delirio involuntario y tremendo del fuego que acaban de provocar.

La mirada

Alguien me dijo que le agradaba que yo mirara a los ojos mientras hablaba con los otros. Siempre me han fascinado los ojos: su poder de decir lo que no puede la lengua. Trato de saber con los ojos lo que piensan los ojos ajenos. Por eso miro tan atentamente. Tan atentamente que a veces llego a creer que los que me miran son mis ojos. Lo ha dicho en muchas ocasiones la poesía, pero al término uno sólo dice siempre lo mismo; la única que habla de lo inefable y de lo inédito es la mirada.

Vanidad

Cuando uno se adentra en una librería, o en una gran biblioteca, aprecia antes que nada que todo eso lo han escrito otros; con la misma ilusión, acaso con una imaginación similar. Mediocres como nosotros, o geniales. Libros ajenos, miles de libros ajenos. Y, sin embargo, uno regresa a su casa, abre el ordenador, o busca un papel, y escribe unas líneas cuyo encabezamiento es la palabra vanidad.

Melina

Murió Melina Mercuri. La conocí en Asuán; vetía de azul mediterráneo y reía, reía constantemente. Bebí con ella y con Jules Dassin, su marido, un whisky aguado que los egipcios nos servían a hurtadillas en un hotel magnífico que recuerdo como una visión benéfica del desierto. No recuerdo por qué, pero fui quien le guió por las tumbas de los faraones en Abu Simbel y compartimos su picardía acerca de las razones afrodisiacas por las que en aquella época comían tanta lechuga. Una tarde, aquellos atardeceres sin tiempo en el aire de Asuán, pusieron un *sirtaki* y bailamos los dos riendo. Siempre reía. ¿De qué? De exceso de vida. De felicidad, verdaderamente. Y nadie —ni los coroneles— fueron capaces de borrarle esa alegría que le hacía firmar en el aire con rosas rojas las iniciales reiterativas de su nombre.

Tres viajes

Casablanca.

El aire siempre trae el recuerdo de una película. La música, desde Mozart, es la memoria del aire. Todo junto hace la mirada. Hay multitud de palmeras. El aire del mar hace la poesía. Hubo una mirada en medio de este desierto y pasó a la historia como una película. Hoy, cuando he llegado a Casablanca, he creído ser de nuevo aquel chico que a los dieciocho años creyó que una gabardina servía para el trayecto.

Le pregunté al taxista:

—¿Cuántas veces le han preguntado dónde está el Rick's Café?

Antes, en el asfalto del aeropuerto, un moro hacía las veces del poste en el que se apalanca el borracho, mientras un gendarme de posguerra se pregunta adónde habrá ido el extranjero.

Al llegar a Casablanca el aire recuerda a Tenerife. El Rick's Café, ya se sabe, nunca estuvo aquí, sino en la película, hecha en Hollywood, como el resto de los chicles de nuestra juventud. Y cuando el hombre empieza a entonar, mientras nos comemos el *cous cous* de plástico en el falso café de Humphrey Bogart, sabemos que en efecto se va el tiempo, la memoria que le falta al mundo. No habrá más versos a este lado de la nada. *As time goes by*. De nuevo, en Casablanca. El aire acaricia, cansado, un pelo distinto, como si la música viajara en silencio. Menos mal que siempre nos quedará París.

Tánger 1

La noche de Tánger dice adiós muy pronto. Cuando en Madrid, o en Sevilla, los jóvenes salen a poner la cerveza en medio de los relojes, parece que en Tánger duermen hasta los retratos del rey. Hay jóvenes, claro, y buscan en la Medina la propina que les alimente el día siguiente, pero no se sabe muy bien dónde están los jóvenes de Tánger. Probablemente la ciudad envejeció cuando dejaron de ser diversos sus ojos y ya se desplazó de allí la cosmopolita capital del viaje. Ahora vienen aquí nostálgicos que esperan hallar en cualquier esquina el sabor de lo que fue aquella ciudad internacional y abierta en la que coexistieron Bacon y Burroughs, Bowles y Haro Tecglen, Emilio Sanz de Soto y Juanita Narbona.

Ahora queda aquí Paul Bowles, entrañable espectador de este siglo, que vino a Tánger en los años treinta y vive aquí desde entonces escribiendo música mientras la gente cree que escribe literatura. Rodeado de medicinas y recuerdos, junto al mar menesteroso de las pateras, este norteamericano de la generación del Gran Gatsby vivía esta mañana la soledad del aire de tormenta que cae sobre el cielo azul de Tánger.

Esta mañana, también, era de plomo ese cielo azul, y Paul tenía corridas las cortinas desde las que se ve la colina en la que habitan sus vecinos árabes. Llovía afuera, como si la violencia del agua quisiera borrar el pasado, o devolverlo.

A esta hora Tánger está en silencio, como si no mirara.

Tánger 2

Mi hija Eva no sabe que cuando es de noche el clima es el mismo en Tánger y en Canarias. En Tánger no hay semáforos ni borrachos. La gente que viaja encuentra en la Medina zonas en las que las cosas se parecen a las que uno encontró en las calles de su infancia, la misma suciedad y la misma algarabía. En Canarias el rumor del mar es muy cercano y da la impresión de que su música conserva la sintonía del océano. Pero en Tánger la música es el sonido de la gente. Allá al fondo hay una bahía sucia en la que la gente se limpia las uñas y camina como si no se pudiera quitar la ropa. En las costas canarias hay piedras innumerables que se limpian a la orilla del mar. En Tánger las piedras van allí a abrigarse. Esta noche al ver el cielo de Canarias me dio la impresión de que alguna mano misteriosa le había quitado a la luna el abrigo que merece. En esta zona del mundo en la que el cielo se parece a todas partes me di cuenta también de que en Tánger dejé parte del alma que me queda.

Paul Bowles vive en el cuarto piso de una casa que da a la calle de los enamorados. En el primer piso de su escalera hay una chica que saluda en español y en la parte frontal de este edificio, que se llama Inmueble Itesa, un tendero vende legumbres y leche. A veces se atasca el ascensor, en el que algún joven ha escrito el nombre de la película *La gran evasión*. Uno ha escrito también, con malas intenciones, el nombre del rey Hassán.

Por la ventana minúscula de su cuarto, si la abriera para siempre, Paul vería una excelente montaña marroquí. Echado sobre su cama, con los dedos huesudos entrelazados con indolencia y desconfianza, el autor de *El tiempo de la amistad* recibe visitas incontables que llegan aquí por el camino de los enamorados para comprobar la edad que tiene el escepticismo. Ahora tiene una chimenea y se alimenta ante ella sorbiendo sopas de sobre.

Viéndole nadie creería que por él pasaron más de cien temporales.

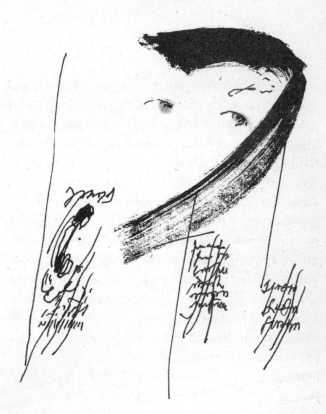

Bowles 2

Sus ojos eran a aquella hora del mediodía los del mar solitario, cuando ya no queda nadie en el horizonte de los bares y suenan las sirenas misteriosas del final del tiempo. Estábamos en la puerta sin fin de un ascensor de hospital y él iba a someterse a una prueba rutinaria, a una cruel comprobación de su fragilidad. No pasaría nada, no pasaba nada. Pero él sintetizó en aquella mirada sin ruidos el horror del abismo. En ese instante de silencio atemorizado le quise tanto.

México

Escribo desde México. Hace veintiún años estuve aquí, en los mismos bosques urbanos y ahora hallo una ciudad perpleja que canta al atardecer como si aún estuviera enamorada de la historia y de su futuro. No hay lugar donde no se oiga un bolero de amor y odio o donde una ranchera no le cante a la vida pasajera de los hombres ruines o valientes. Es imposible no escribir bien en México. La vida siempre está donde es más pura, y donde la historia y la mezquindad la han contaminado también se conserva pura; se conserva viva y pura en las zonas más sagradas del hombre.

Mezquindad

La edad elimina inocencia, se dice. En mi caso, lo que no ha conseguido es eliminar perplejidad ante los acontecimientos mezquinos. Probablemente, todos somos protagonistas de esa lamentable historia en la que la incomprensión y el egoísmo se juntan para producir en los hombres la apariencia de cemento compacto que tiene la mezquindad. Pero cuando uno se siente agredido por ese defecto capital, acaso el que más nos persigue, aprecia con más crueldad sus contornos, y se hace el propósito de no hacer lo mismo con los otros.

Agresión

La profesión en la que he trabajado a lo largo de mi vida, el periodismo, está ahora en España en sus horas más indignas. Unos periodistas se han juntado para enfrentarse a otros y se ha organizado un curioso sindicato del crimen, como lo llamaron y como se han llamado a sí mismos sus componentes, que se defiende atacando o incluso previendo los ataques que imaginan. Sus argumentos son la libertad de expresión y la verdad, como si ambas fueran su patrimonio, pero en función de la libertad de expresión agreden la libertad de otros y para subrayar la verdad suspenden la probable verdad ajena. Es una atmósfera atosigante, muy parecida a aquel callejón sin salida que nos otorga la mezquindad. Un clima en el que si uno se defiende resulta sospechoso y si uno se queda quieto resulta igualmente sospechoso de guardar silencio por ser culpable. Como en la canción en la que el negro siempre resulta castigado: si no trabajo me matan y si trabajo me matan, siempre me matan. Son justicieros y terribles; utilizan argumentos viscosos y son burlones porque atacan juntos. Se concentran en Madrid y la gente de fuera de la capital de España se pregunta qué pretenden con su marea negra. Gritan para quitar la razón.

Los muebles

Cambié de sitio los muebles porque hacían ruido.

Eso escuché una vez en una casa de estudiantes de Las Palmas.

Los muebles son la parte volátil de las casas. Son como el alma que se desplaza sin esfuerzo en medio del alma del mundo. Los muebles son las oquedades en las que caben los libros, los abrigos y las aspirinas, e incluso nuestro propio cuerpo. Huelen a la infancia y también a los recuerdos de la adolescencia, porque en ellos estuvo alguna vez el primer libro que leímos, las fotografías que nunca quisimos volver a ver.

Cuando uno abandona sus muebles es como si abandonara el tacto que nos va haciendo la edad. Inmediatamente, este ser humano, que a veces se da sin recuerdos, regresa a otros muebles y se reconcilia con la caoba perdida acariciando un mobiliario nuevo.

La vida es de madera, como la vida de los bosques. El aire de los árboles sopla sobre las mañanas extrañadas de los que hacemos mudanza. Al día siguiente la casa es otra y nada es la palabra que habita la carcoma invisible de los muebles.

Sueño

Tengo sueño y no sé en qué. Estoy ante esta máquina de escribir y se convierte en una máquina de preguntas: me interroga. Me sitúo ante ella todas las mañanas como si fuera un espejo que no me va a decir lo que yo creo que ve. La palabra que surge cuando se escribe se acerca bastante a la verdad de lo que piensan de nosotros los espejos. El sueño tiene la forma de los espejos involuntarios: nada se puede controlar cuando se duerme y suceden cosas en ese espacio inconsciente de nuestro tiempo que nos sorprende como la respuesta de los cristales. Frecuentemente escucho en esos sueños las voces de mis padres, como si quisieran expresarme preguntas que no me hicieron, como si yo mismo tuviera en mis sueños las dudas que nunca supe.

Capicúa

Al finalizar la palabra anterior a ésta que encabeza como capicúa las palabras que siguen había en el ordenador el registro de 18.581 caracteres. No es la primera vez que ha aparecido un número capicúa en la conservación de estos textos a lo largo del tiempo. Y yo los persigo como cuando era un niño y me saltaba las baldosas de dos en dos o contaba las matrículas de los automóviles para disfrutar de las casualidades que esas sumas deparan. La vida está hecha de tales simplezas, y lo solemne también es tan simple, tan brutal y tan implacable, como los azares que nos persiguen desde los años perplejos de la infancia.

Juan

Hoy es el día del padre. Le ha preguntado a su hija si le ha traído un regalo. Vamos a cenar en su casa abierta. Libros y fotos.

Eva y Fli

Lo que queda entre esos cuadros lo escribió Fli el 19 de marzo. Es el compañero de Eva. Venían ambos de Salamanca, donde estudian, para asistir a la presentación de un libro de cuentos del que soy autor. De broma le pregunté a mi hija si me había traído algún regalo para conmemorar la fecha, y los tres habíamos bromeado sobre la festividad y sobre el supuesto olvido de Eva de conmemoración tan señalada... Después vinieron a cenar a casa y nos entretuvimos viendo fotografías antiguas de mi infancia. Vimos también cuadernos viejos en los que, como en este caso, yo contaba mis propios pensamientos acerca de lo que me rodea. En uno de los cuadernos hablaba de mis relaciones con Eva y me preguntaba si la prisa que me ha acompañado a lo largo de la vida no me había privado de momentos esenciales de su infancia y de su adolescencia. Este pensamiento, que me acompaña desde que escribí aquellos cuadernos, acaso cuando ella se fue a Salamanca para estudiar allí, vuelve ahora a mí como si fuera un arrepentimiento. Los hijos son la prolongación de la memoria, que sólo existe en contraste con la ausencia de memoria, con el olvido. Mientras están ahí, a nuestro lado, acostumbrándose a la noche y al silencio, escribiendo su propia biografía, creciendo a tu alrededor, los notas como la prolongación natural de tu propia casa, un adjetivo, o un sustantivo, de tus mismos sueños; y de pronto se van, rompen la puerta, o la entreabren y se van, y entonces se produce a lo largo de un tiempo tenue, casi imperceptible, la sensación de que te quedas sin espalda, sin espejo y sin pared, y hablas contigo mismo acerca de ellos, acerca de lo que te falta sin ellos. Y quieres, en ese momento larguísimo en el que estás solo, saber cómo puedes recuperarles, cómo reiniciar la conversación que acaso nunca tuviste con ellos, saber qué piensan de lo que les viene, porque ellos son el futuro que tú no verás, el presente difuso en el que vives ya con el tiempo adelgazado. Ahora viajan solos y además son tan viajeros como tú, tienen amigos con los que establecen relaciones o conversaciones de las que tú no sabes nada, ni tienes por qué conocer, y establecen sus peligros y sus certezas, sus razones para el llanto, y también los prolegómenos y los límites de la alegría que les depara una vida cuyo horizonte ellos mismos vislumbran sin otro consejo que el de la experiencia que ya acumularon. Y tú, que les tuviste tan cerca, te encierras en la casa con fotos antiguas de tu propia niñez o de tu misma adolescencia, y con relatos rancios en los que deplorabas, ya entonces, que no hablaras suficientemente con ellos. Y de pronto regresan a tu casa, rebuscan en tus papeles, en tu propia capacidad para recordar, y se ríen contigo de lo rápido que pasa todo cuando ya te cercan la edad y el circunloquio feroz de la memoria.

El beso

Ha muerto Robert Doisneau, el fotógrafo de *El beso*, el famoso retrato de un encuentro —¿o de una despedida?— en la estación de ida y vuelta que siempre es la plaza en una ciudad grande. Esa foto está en todos los cuartos de la gente joven y se refiere a una pareja que ya existió, y existió así hace ya muchísimo tiempo. Pero la fotografía de Doisneau los fijó para siempre en una instantánea maravillosa, llena de vida y de pliegues, repleta de la esperanza, es cierto, de que incluso ese momento efímero —tan efímero como el efecto de un reencuentro, o de una despedida— era tan eterno como el instante sideral en el que parecemos vivir. Hace algunos meses aparecieron los protagonistas de la fotografía, y si no recuerdo mal —no quiero recordar mal: quiero recordar— ambos mantenían los sentimientos que les hicieron dar vida a la pasión de aquel retrato. Hoy ha muerto el retratista y queda sólo el retrato del beso. Lo que persiste siempre es la memoria, con su silencio impresionante, con su inequívoca apariencia de eternidad detenida.

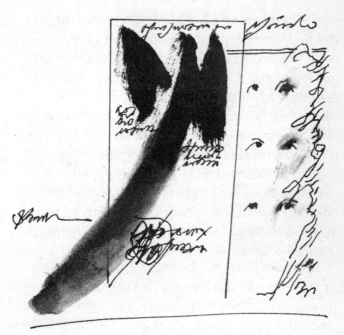

Las preguntas

El hombre está hecho de preguntas de todos los colores; unas preguntas son verdes, del color de la adolescencia, y otras son rojizas, como la pubertad; y otras son de color azul pálido, como el color de la madurez. En ese arcoiris que es la pregunta global que se hace el hombre en cualquier época de su vida hay colores indefinidos que se corresponden con la indecisión sucesiva de las edades que se van cumpliendo. Ése es el color de las preguntas que nunca se hacen y son las que dan su tono interior, secreto, a los interrogantes que jamás tendrán respuesta.

Paréntesis

Mi padre nunca tuvo vacaciones y mi madre tampoco. Vivían el descanso al tiempo que trabajaban, rodeados de quehacer, impulsados por la necesidad de comenzar algo para tener luego la obligación de terminarlo. Tenían ante el descanso la actitud perpleja de los que saben que después del ocio se produce un cansancio similar al que ya se sentía, y que, además, el cansancio no va por fuera, sino por dentro. No lo tenían a gala: simplemente no querían descansar como todo el mundo. Yo he heredado parte de esa disposición hacia el descanso: para qué ese paréntesis que se hace la gente si al término hemos de seguir como anteayer, como ayer mismo, en la misma fábrica de papel y de prisa a la que hemos sido convocados al nacer. Me gustaría vivir en un mundo sin otra frontera que la nada para observar si dentro de ese escepticismo también siento la necesidad de llenar los minutos de las cavernas del tiempo relleno. No sé: los paréntesis son tan largos como la esperanza de llegar, y llegar es imposible porque siempre se está partiendo de la incertidumbre de no llegar jamás.

¿Yo?

¿Quién soy yo? Me he despertado consciente de que mientras duermo el pelo se alborota y adquiere una apariencia que no le conviene al espejo. Así que como siempre, he pensado que debía peinarme antes de someterme a ese juicio paralelo del cristal. No lo hice. Porque no recordé que había pensado ese pensamiento. Así que me asome al espejo tal como me había salido de la cama, con mi camisa roja y mi pelo alborotado. ¿Alborotado? No, estaba en su sitio, como lo hubiera peinado un viento imaginario. Así que miré también si aquellos eran mis ojos, y mis muecas, y me fijé si aún quedaban ahí los rasgos del bigote que he ido amoldando a estos días de ocio. Pues, era yo. ¿Era yo?, me pregunté ante el propio espejo, para reírme de sus suposiciones, las suposiciones del espejo. No, no era yo, me dije, y por eso el espejo dejó de mirarme y me dejó solo conmigo en el espejo.

Café

He cambiado de infusión mil veces. Hallo otras que sólo tienen dos letras, pero ninguna sabe igual que esta droga maravillosa que en la mano es como un grito del agua en peligro.

Té

Le ponían limón y lo hacían como si cuando surgiera del recipiente que servía para hervir el agua fuera a pararse el mundo y fuera a surgir, de su humareda, la solución de la tarde, el punto y seguido de aquellas señoras del pespunte. Mi madre nunca supo de esas sutilezas, porque ella lo que ponía a hervir era café, mucho más rotundo y arriesgado; luego lo servía como si tuviera un secreto que repartir. Las parroquianas esperaban ese instante sin decirlo, y para ellas aquello en efecto era la posibilidad de un punto y aparte. Cuando mi madre advertía esa expectativa se sentaba de nuevo y decía, como si fuera una novedad:

—Hoy no hemos hecho nada.

Nada

La palabra nada ha trabajado conmigo varias veces. Fue mi compañera en la escuela, en
el colegio y en el instituto. En la universidad ya
iba directamente a clase conmigo, y por la tarde —e incluso a mediodía, en las escalinatas de
la universidad— escribía conmigo novelas sin
sentido alguno exactamente sobre la palabra nada. Ahora que la miro en mis almanaques pa-
sados de fecha y en los armarios que no abro
por si por sus intersticios me dice algo, veo que
la palabra nada es redonda y casi adánica, como una mujer anónima al fondo de una playa
de pueblo. Y me pregunto qué hice durante tantos años con aquella palabra de cuatro letras que
entonces se superponía como una mano sobre
otra mano a la palabra café.

Todo

Lo contrario.

Decepción

Ayer escribí un pequeño cuento sobre el paso de los días y acerca de la perplejidad de una niña al comprobar que a pesar de su similitud radical unos días se llaman de modo diferente que otros: el miércoles es igual que el jueves tantas veces y sin embargo se llaman de distinta manera y con los martes y los lunes pasa lo mismo. Así se despierta uno, preguntándose por qué es tan implacable el paso del tiempo, como si el porvenir fuera la amenaza y la certeza de la monotonía.

Decepción 2

Siento un gran peso moral, una nítida distancia de mí mismo. Desgana, la sólida percepción de que nada vale la pena. ¿Qué ha pasado? ¿El tiempo? ¿Las pérdidas a que nos obliga la edad? ¿O es simplemente cansancio, las consecuencias del desgaste, la constante apuesta por seguir a pesar de que se percibe que detrás del túnel hay otro túnel?

Nieve

Julio Llamazares ha escrito un libro, *Escenas de cine mudo*, que he abierto varias veces sin poder leerlo: tenía miedo de encontrarme dentro. Esa sensación resulta inexplicable, pero la he padecido muchas veces leyendo a escritores cuya biografía y cuya escritura podrían afectar tanto a mi manera de estar en la vida como a mi propia forma de escribir, aunque esto último sea lo de menos. En esta ocasión he guardado el libro durante mucho tiempo, hasta que anoche lo abrí de nuevo y comencé a leerlo. Resulta que Julio rescató de su casa familiar un paquete de fotografías sobre las que ha recordado su vida, sobre todo a través de lo que su memoria guarda de su madre, que ya es nieve. Hace unas semanas rescaté yo mismo de mi casa un grupo de fotografías sobre las que mi propia madre depositó su mirada, su ilusión y una alegría que yo añoro y que fue cortada por la muerte demasiado pronto. Desde hace semanas pensaba escribir sobre esas fotos y sobre la memoria que producen. Y ahora lo veo escrito por otra persona, en otra latitud, con palabras ajenas. Acaso eso es lo hermoso de la literatura: que demuestra que en el alma de los hombres hay siempre experiencias que son comunes a todos porque están basadas en la esencia de la vida, en la mirada de la madre.

Decisión

He decidido quedarme solo, parar, dejar de huir. ¿Quedarme solo? ¿Parar? ¿Dejar de huir? ¿De qué?

Decisión 2

¡Vamos, hombre, para ya!

Verano

El verano otra vez. Mi estación preferida, los olores más estimulantes, y sin embargo llego a él sin ilusión alguna, como si fuera el fin de partida, la consecución del vacío absoluto. No quiero ver a nadie, no quiero hablar con nadie; me siento sin fuerzas para la vida colectiva, para hacer necesario el día siguiente; se apilan en la casa los papeles, los periódicos; se acaban las pilas de los transistores y no las repongo, se amontona durante el fin de semana la ropa inservible que va cayendo sucesivamente al final de jornadas vacías en las que deambulo perplejo, robándome tiempo y regalando tiempo a los otros. Los libros reposan sobre las estanterías improvisadas de la casa sin que yo sea capaz de abrirlos u ojearlos con la ilusión que siempre sentí por ellos. No me atrevo a utilizar el teléfono para hablar con la gente que quiero porque tampoco soy capaz de simular la alegría que ellos me atribuyen y que siempre he simulado en público. Se echa sobre mi cabeza la edad como una mano y me hago todas las preguntas que desembocan en la constancia de que todo es inútil, de que todo es físico, brutal, mezquino; me hieren las palabras hirientes, me hieren las palabras medianas, me hiere todo lo que me rodea y me cuesta avanzar. Debajo de esta mesa se han ido amontonando calcetines que han ocultado mis pies durante todos estos días y en mi carpeta hay periódicos, recortes, recibos, poemas escritos de madrugada, sensaciones que he ido anotando, llamadas que nunca he hecho. Es domingo, además, una circunstancia que hace más inservible mi concepto del tiempo. Anoche, ya muy tarde, una mujer a la que conocí de joven y que ahora debe tener de la edad la misma constancia que yo, explicaba que había dejado de hacer cosas urgentes y perentorias, y que ahora vivía dedicada a observar las consecuencias nefastas que tiene la prisa sobre la frente propia y sobre las frentes ajenas. Por la mañana estuve en casa de Alfredo Bryce Echenique, el escritor peruano: estaba escribiendo una novela —*No me esperen en abril*— y estaba feliz sobre su teclado, observando cómo su personaje, acaso un heredero de Julius, aquel muchacho que convivió con nuestra imaginación aún casi adolescente hará ahora veinticinco años, ya pedía que no le esperaran, pero en el libro ni siquiera había partido. Le imaginé escribiendo y leyendo, y anotando, y siendo feliz o desgraciado con su personaje, y me imaginé yo a mi vez deletreando sobre este teclado las letras de mis propias escrituras, como cuando era niño y trazaba en el aire mis dedos sobre un teclado imaginario, escribiendo o pensando poemas o cuentos que luego jamás escribía, o escribía tan frenéticamente que acababa en seguida, de modo que el placer de la escritura me duraba como los primeros suspiros de las novias. Él no sabía cuándo iba a acabar su escritura, pero estaba seguro de escribir su historia porque era consecuencia, intuía yo, de la rabia que se acumula a lo largo del tiempo sobre los recuerdos que traen los territorios que uno ha abandonado. Mientras tanto yo pensaba en mis propias historias y también en mi experiencia y me daba rabia pensar cuántas cosas he perdido, y entre ellas me daba rabia haber perdido mi propia memoria, esa especie de ternura que convierte el pasado en los recuerdos que uno quiso, y que quiero yo de los recuerdos del pasado. Sol sobre Madrid, taxis, gente que simula lentitud cruza los pasos de peatones y yo voy apresurado a todas partes. Llego a una taberna y allí me recibe Faci, que cumple años. Miles de recuerdos sobre su cara serena pero hoy extraña, como si una nube de pensamientos anteriores a ella misma le hubieran ahuyentado su antigua niñez del rostro; luego vienen sus amigos y una de las chicas que trae consigo dice algo que a mí me aturde, me decepciona o me entristece, quizá porque sin quererlo ha herido algún sentimiento secreto y acendrado que yo nunca olvido; y entonces ya se acentúa en mí aquella sensación de vacío, de inutilidad de mi tiempo, de pobreza de mi espíritu. La imposibilidad de la alegría, la inútil supervivencia de las alegrías escasas, la multitud, las plazas repletas de calor y de poemas, el silencio, y vuelta a casa, el contestador, una italiana a la que desconozco que deja mensaje sobre la probabilidad de vernos, un libro, la cama, música clásica en una emisora de radio, sueño, de nuevo el sueño, debes dormir, debes dormir cada noche, subrayo mentalmente palabras de un reportaje sobre la vida de Albert Camus, veo en la cocina los platos de todos estos días, abro un libro y me adormezco, llama

Faci, todo ha sido muy extraño, yo le digo que vuelva a llamar más tarde, pero yo no quiero que nadie llame más tarde, yo quiero estar solo y en el silencio de esa música, pero llaman, vuelven a llamar, llama la italiana, que quiere verme en Las Vistillas, y yo quiero ver a alguien en Las Vistillas, me pregunto, tantos recuerdos en Las Vistillas, el sol cayendo a la tarde y yo pensando que al fondo de aquellos matorrales armónicos hay una playa maravillosa cuyo mar va a tranquilizar mis atardeceres, así que no quiero ver a nadie en Las Vistillas; la veré cerca de mi casa, la veré y volveré en seguida, para qué la voy a ver, qué pueden decirme de nuevo estas palabras que me vienen tan desde fuera. Se lo dije a Faci y lo diré para recordar que todo esto es vaporoso como el verano hasta que un día me pare y diga que la decepción sirve para algo, que la prisa ha amainado, que tengo de nuevo palabras para caminar:

—Quiero parar; quedarme conmigo. Hacer mío mi tiempo.

No quiero seguir.

Reencuentro

En la madrugada de una noche reciente, en Las Palmas, Alfredo Bryce y Jovanka, maravillosa peruana que vive desde niña en Gran Canaria, hablaban del pasado común en Perú. El padre de Jovanka se había ido a Europa, en circunstancias que la niña entonces no pudo conocer, y un hombre, que también se llamaba Alfredo, la acogió con una ternura que a ella se le antojaba ahora memorable; lamentablemente, le comentó al Alfredo presente, aquel personaje de su infancia murió ya en Guacho, donde ella había nacido.

—¡Está más vivo que yo! —exclamó Alfredo, a quien Jovanka miró con sus ojos siempre lubricados por lágrimas antiguas que jamás surgen del todo, pero que se mantienen ahí por si acaso de veras sucede alguna vez un motivo para llorar.

Alfredo Bryce contaba la anécdota con una emoción y con una precisión tales que por un momento quise ser Jovanka en un reencuentro parecido.

Lunes

Las italianas eran tres y resultaron ser hermosas criaturas de Bari que viven en Venecia; una es psicoterapeuta y las otras dos son arquitectas que pretenden hacer una tesis doctoral en Madrid. Fue una tarde fluida y bella, que concluyó en una cena en casa; los platos, como es lógico, siguen en el salón, y la sala debe estar desordenada aún, con las sillas mirando de acuerdo con la posición que cada una de ellas adoptó en la casa. Frida me reprochó que hubieran cambiado los planes, «como siempre»: la había invitado a cenar y tenía que compartir cena con una multitud. Luego le gustó la mezcla y fue la que llevó el peso narrativo de la reunión, contando sus experiencias y sus expectativas; joven como ellas, hablaba sucesivamente en inglés o en español y yo traté de hablar italiano. No hablé demasiado, lo que indica que me sentí cómodo en todo instante: cuando lleno los espacios vacíos de las reuniones es que siento que falla todo, que la gente no establece relaciones interesantes, y mientras trato de resolverlo sufro muchísimo. Y anoche eso no ocurrió así.

Luego

Luego volvieron las italianas, ya sin Donata, que las había traído la primera vez y que ya debe estar de nuevo en Venecia. Rita, morena de labios gruesos y sonrisa concentrada en unos ojos pícaros y grandes, trajo una botella de whisky de malta, o un whisky normal que parecía de malta; vestía con ropa blanca y se descalzó en seguida. Ana Lisa es mucho más seria y comedida en su comportamiento doméstico, de modo que mantuvo secretos sus pies menudos dentro de sus zapatos de cuero. Vino más gente, claro: Julio, Alessandra, Modoso, Frida... Ocho para cenar un viernes por la noche, cuando el mundo ya está tapiado y parece que el vértigo absurdo de la semana no va a dejar que pase de nuevo la monotonía de la semana entrante. Sobre el cansancio me sobrepuse y gracias al agua y a la ducha pude resistir, de nuevo, hasta los aledaños del amanecer. Bebimos y fumamos, y comimos poco, supongo, porque me equivoqué al pedir las raciones y porque además no sé utilizar el horno y la comida de los días anteriores no pudo ser adecuadamente recalentada. Pero fue otra vez una noche agradable y leve, una noche descalza con la que a veces quiero tapiar la insistencia de los días en parecerse entre ellos. Al término, cuando ya todo este universo que me acompaña a decir adiós a todo esto se va de casa, regreso al silencio solitario, a la verdadera dimensión, la más humana, de la íntima sensación de la lejanía y del fracaso.

Fracaso

Son tiempos duros, instantes en los que se alarga esa sensación de haberlo dejado todo atrás, de no ser en este mundo nada de lo que se imaginaron las ilusiones propias. Han crecido las canas, la barriga, el tiempo; se han quedado inservibles los poemas, y es cada vez más cierto que todo esto es una crónica de la nada hecha pedazos. Observo lo que escribo y también observo lo que no escribo, lo que pienso que voy a escribir y que luego no se manifiesta en mi propia escritura; he empezado una novela que sitúo en Los Ángeles, al menos en su inicio, y compruebo que trato de invadir terrenos, descripciones de hechos que nunca ocurrieron, sensaciones que nunca tuve, y de nuevo me retraigo, como si una mano de hielo me detuviera y me hiciera regresar a este diario en el que narro mi propia vida apócrifa, los pensamientos que a veces me ocurren espontáneamente cuando me levanto de la cama, cuando no duermo o sueño en vano que desaparezco.

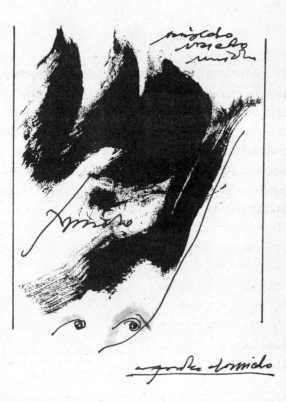

Entonces

Entonces no puedo seguir escribiendo y vuelvo a este diario por el que ha desfilado ya casi todo lo que he sido capaz de contar mientras se me escapa de las manos la vida, la vida propia y la vida de otros, la vida que quise y la visa que no quise, la vida como espejo inquieto sobre la esperanza ahora soñolienta del mundo que busqué.

Así que

Así que me detengo sobre lo escrito, lo veo de nuevo y renuncio, soy incapaz de dar por bueno lo que no he visto con mis propios ojos y nunca me ha ocurrido. ¿Egoísmo? Muy probablemente. ¿Egocentrismo? También. Acaso por eso mismo soy incapaz de reprimirlo. La vida es la expresión de un fracaso y el fracaso es la novela de la vida, la única esencia de la literatura. *El Gran Gatsby*, cuánto añoro ese libro que ahora ha reposado por unas horas en las manos de Mano de Teja, el aire leve del viento que cae sobre los libros y sobre la vida con la intensidad del olor que uno recuerda de los mejores momentos del sol y de la adolescencia. Pues ahí estaba el fracaso, la enseñanza del fracaso como forma brillante de la vida.

Mano de Teja

Suave, leve y fuerte. Como la Mano de Teja.

El mar

De nuevo el mar, esa serpiente azul que ilumina el alma de la noche. Mi casa, el sonido de mi casa es el mar, tan inencontrable y tan hermoso, cubierto de la luz incierta que dan la luna y las nubes al asomarse juntas a finales de agosto. La armonía del atardecer sobre la playa en la que fui feliz, los pies descalzos sobre el asfalto caliente, los niños recién nacidos y el perro corriendo a mi lado como una sombra inquieta, una más de las amables sombras de esta hora. La maleta llena de recuerdos y las piedras ennegrecidas por el agua del mar y por el tiempo. Peces minúsculos creciendo con la dificultad de los moluscos y una hermosa superficie de rocas, como los huesos que muestra el mar antes de que su superficie sea para nosotros invisible. Por esa mano de quietud pasan también los vientos y las horas y todo envejece para hacerse espuma y día siguiente; y el propio mar imperturbable nota en su biografía la lejanía que imponen las estaciones e incluso los minutos intermitentes de su rabia o de su paz. Cuando termina la noche y él sigue en su reposo eternamente despierto yo duermo para verme al día siguiente, de nuevo, ante ese espectáculo que acaso está en mi memoria desde la infancia como un lugar inalcanzable, como la única respuesta a una pregunta que no me atrevo a hacerme mientras vivo.

La infancia

Muchos poetas dicen que en la infancia se aprendió todo y en realidad ocultan la verdad que esconde esa afirmación: en la infancia se aprenden todas las preguntas, que coinciden con las preguntas clásicas del periodismo:

1. Qué
2. Quién
3. Cuándo
4. Cómo
5. Dónde

O viceversa.

Tiempo

Se sienta un hombre ante mí y me hace esta pregunta:

—¿Qué te ha cambiado?

Yo llevo un traje nuevo, que he comprado para resistir la vida de entretiempo, y siento que ante él me ladeo, dentro de mi traje azul marino, mientras él anota con letra diminuta algunas de las cosas que yo mismo voy diciendo, por lo cual resulta inevitable que mientras hablo yo crea que en efecto es otro el que está diciendo lo que dice. Este que dice lo que dice le cuenta a este hombre que ha cambiado, seguramente, porque ahora sabe algunas cosas, de modo incompleto, quizá, pero las sabe:

Sabe que sabe menos que los otros, y que ha de aprender.

Sabe que la vanidad dura un instante y no sirve para nada.

Sabe que la amistad agranda la sombra de los solitarios.

Sabe que no sabe nada.

—¿Eso añade madurez? —sigue preguntando el hombre.

—No —le digo—: eso explica la prudencia, el silencio, y acrecienta la capacidad que tenemos para escuchar a los otros.

—¿Y qué dicen los demás?

—No sé: rompen el silencio, pero no debemos ignorar que lo rompen a nuestro favor, para que sepamos más de lo que dicen.

—¿Y tú les escuchas?

—Yo soy ellos, supongo; yo soy ellos hablando.

Antes, frente a mi casa del mar, un poeta que yo conocí, cuando aún me despertaban tarde las lagartijas, y ellos —él y otro amigo igualmente poeta— iban a hacerme compañía y a leer a Beckett, me pregunta:

—¿Y ahora qué haces aquí, frente al mar, solitario?

—Pienso, miro al mar, recorro la orilla y regreso al sueño. Duermo.

—Duermes. ¿Qué es dormir?

—No sé. Esperar el sueño. Escribir el sueño, quizá.

Ha sido un tiempo circular, entero: Galicia, Lanzarote, Tenerife, El Escorial, El Médano, La Laguna, y ahora estoy regresando a Madrid. No sé si lo sabré decir bien porque no se entiende que esto sea así, pero cuando escribo en primera persona siento una sensación tremenda de abismo, como si una mano secreta me advirtiera contra la confidencia, pero no tiene que ver esta advertencia de ahora con ese aviso: ese aviso se refiere, sólo, a la necesidad de explicar que no soy yo quien habla sino otro que viaja conmigo, la esencia principal de la esquizofrenia, un personaje que teclea y habla y se define y lo dice todo sintácticamente bien, mientras yo les observo sentado en la silla estática de mi lugar en el avión. Así que no es otro que El Otro el que está contando cómo le ha ido. ¿Y cómo le ha ido? Ha visto playas, huesos de roca, serpientes secretas, escritores que cantan al anochecer, niños, una perra que lo acaricia al despertar, niños, plantas que vuelven a crecer bajo el agua y la música, gente hablando, bodas, escritores que cantan, vulgaridad y sabiduría, silencio, ruido esencial, nada, ojos verdes profundos, ruidos en la orilla, preguntas, papeles, viejos papeles que me han reconciliado (¿que le han reconciliado?) con la vida pasada, ternura, ojos, palabras tiernas escritas en la arena de una playa múltiple, despedidas, reencuentros. La isla y Beckett. Por ejemplo. Y también Unamuno, y niños, Eva alrededor, una perra, el teléfono, otra vez los niños, los viajes diarios a la playa, El Médano, los periódicos, viejas obsesiones juveniles, y finalmente el silencio, una determinación. Quieto aquí sobre este promontorio de arena veré crecer la hierba que han plantado, y si tarda en crecer será silencio también mi despedida. Quién soy, quién era, quién es quien me mira cuando ya me voy de la playa y suena sobre mi sueño una despedida fugaz, lejana, de la arena. Soy la mano que se va, la que vuelve y la que fue; la mano que acaricia sin rubor el sudor de la espera, y soy como el tiempo volando por encima del suspiro de mi madre. No soy nada y nadie es nada. Pero se acaba el tiempo y antes de que concluya parece necesario decir algo que se parece, quizá, a lo que tantas veces fue dicho sobre la nada, esa forma invisible de la mano que responde adiós y que se queda.

La realidad

De nuevo el desorden de los papeles, la armonía del caos que formo. Los recortes, los informes, la mesa llena de recuerdos de palabras que fueron costumbre, la Gran Costumbre, la vida como ejemplo de la Gran Costumbre. La vanidad propia, la vanidad ajena, La Vanidad. Multitud de seres lúcidos o estúpidos hablando alrededor de lo que ocurre, de lo que ha pasado, de lo que va a ocurrir. La vida es eterna y no se para, y sin embargo nada es eterno, todo se para. El ruido en la calle y allí aquella mujer frágil que se debate contra la duda de lo que va a pasar en seguida con su cuerpo —y con su vida, Su Vida— en cuanto los médicos la saquen en su camilla de aquella habitación 404 donde esperan su marido frágil, su hermano igualmente frágil y distante que aguarda mientras tanto la confirmación de un viaje a China. El silencio, el ruido, la vanidad, la humildad, la realidad sin vuelta de hoja en cada esquina de las cosas que pasan. Y luego el sueño, multitud de gente durmiendo como si se hubiera acabado el mundo en este lado de la oscuridad.

La sombra hablando

Vino en silencio y se sentó en un bar lejano en medio de los ruidos amortiguados del otoño. Se sentó ahí y luego estuvo en muchas esquinas por las que yo pasé como una sombra hablando; después se hizo presente, de pronto, con su voz y con su literatura, y sobre todo con sus ojos que sonríen como su boca, y ya supe su nombre y por qué lo apocopaba. Supe que habla en susurros nocturnos aunque camine a mediodía, suave como lo que queda de las pisadas en una playa desierta. Es de agua su alma y no me imagino en su boca la palabra nada. Sin embargo la dice en mayúsculas. Me descansa pensar en ella, como si fuera un viaje circular en torno a un poema que leí en mi juventud y que jamás ha sido escrito.

Mallorca

Mallorca y Eva. Nada puede producir una felicidad tan sutil y rotunda como la que proporciona estar con un hijo, el amor involuntario y total, la percepción íntima de un orgullo y también la necesidad de proteger y de ser protegido por una presencia esencial y ajena, tú en los ojos de otro, tú en ti mismo, tú en tu hija, tu hija en ti. Es una sensación muy inexplicable y muy hermosa. No se precisa nada más, todo alrededor puede parecer armónico, la isla, las playas, el ruido; lee *La peste*, de Camus; juntos vamos a ver a la viuda de Julio Cortázar, en Deiá, y ella habla de la creación de los libros más vendidos, mientras que Aurora recuerda aquella famosa frase que luego Cortázar convirtió en las *Instrucciones para subir una escalera*: al final de sus días, Cortázar ya no podía subir escaleras: eran dragones enormes a los que no podía dominar. Eva: la experiencia de viajar, el espejo de la soledad en la que he vivido tanto tiempo. Regresamos, como si el silencio fuera posible al tiempo que la ternura.

Inconstancias

Los papeles siguen ahí. La inconstancia probablemente proviene de la certeza de que las cosas se mueven solas.

Lágrimas

Ha muerto el padre de Frida. Arquitecto que fue famoso y que un día se hartó de los sudores burocráticos y se hizo carpintero; a los cincuenta años, era de nuevo arquitecto y viajero, y viajero murió, en Veracruz, muy lejos de México. De joven llevaba a su mujer y a sus hijos a cualquier playa o a Nueva York cada vez que en la familia se producía una nube. Era un vitalista que se puso triste una vez y ya no volvió a ser el personaje alegre que su hija recuerda; ahora ella no comprende nada. Por qué, por qué, repetía entre lágrimas, indefensa e indecisa, como los hijos de los muertos. Uno no sabe jamás qué decir y es consciente, mientras dice cualquier cosa, de que es incapaz de consolar, de levantar el ánimo, así que es mejor optar por conversaciones laterales, y mientras éstas se producen y Frida cambia el semblante y deja de llorar uno se da cuenta de que probablemente debía haber guardado silencio todo el tiempo, dejar que fluyera libre su sentimiento definitivamente solitario y herido, pleno, sin otra frontera que su voluntad doblegada por la existencia feroz, tremenda, terca, viscosa, de lo absurdo. Pero uno tiene, mitigando la necesidad del silencio, la voluntad de la compañía. Luego vino más gente, pero yo me fui con su recuerdo desamparado.

Esperar

Me he pasado horas esperando a que llegue la gente, una persona, dos, decenas de personas, y siempre me alcanza una impresión similar: yo no soy el que espera sino el que es esperado, y esto no significa que yo espere que me esperen sino que cuando espero me espero a mí mismo, como si los otros completaran, hasta físicamente, el ser que soy. Es una situación que siempre me da ocasión para divagar sobre el sentido del tiempo, que entonces se llena de los compromisos y de los horizontes que tiene la nada: ¿qué esperar, qué esperar mientras se espera?

Despedida y miércoles

Antes de cerrar este calendario del viaje una amiga leyó algunos pasajes del libro que ahora concluye para siempre y quisiera que con la palabra Nunca en algún sitio. Esto fue lo que dijo y le hago lugar porque acaso lo que ven de uno es lo único que le quita a Nunca su Ene Mayúscula:

«Juan, me siento frente a ti, conmovida y aliviada.

Reanudo el diálogo que mi miedo había interrumpido.

Gracias por dejarme adentrar en ti y por todo lo tuyo que hay ahora en mí. La muerte tiene un color azul marino y cuerpo de serpiente, si la muerdes encuentras que en tu boca ese trozo de carne con escamas aún se mueve y tiene un sabor amargo que te horroriza... pero que es inevitable, esta ahí dentro de ti y siempre te lastimará».

Posdata: Nunca se sabe nada, pero el viaje acrecienta esa ignorancia.

** A Frida Road Movie esta última parte.

Biografía

Periodista, escritor y editor.

Nació en el Puerto de la Cruz (Tenerife) en 1948. Estudió Periodismo e Historia en la Universidad de La Laguna. Comenzó a escribir en prensa a los trece años, en el semanario *Aire Libre*. Entonces fue seleccionador de fútbol y crítico deportivo. Poco después entró sucesivamente en las redacciones de *La Tarde* y *El Día*, donde desarrolló todas las tareas imaginables en periodismo. Fue uno de los fundadores de *El País*, donde ejerció también trabajos muy diversos: corresponsal en Londres, jefe de Opinión y redactor jefe de Cultura. Fue el coordinador de los proyectos del Grupo Prisa para 1992 y entre sus actividades figuraron la coordinación editorial del «Proyecto Leonardo» y de la serie «Europa América» que publicó *El País Semanal* dirigida por el profesor John H. Elliott.

Como novelista, fue premio Benito Pérez Armas de novela en 1972, con *Crónica de la nada hecha pe-*

dazos (1996) y Premio Azorín con *El sueño de Oslo* (1988). También ha publicado *Edad de la Memoria*, *Naranja*, *Retrato de humo*, *Cuchillo de arena* y *En la azotea*. Sus últimos libros son *Serena* (cuentos), *Exceso de equipaje*, *El territorio de la memoria* (narración), *Una memoria de* El País y *La foto de los suecos*. Actualmente es Director de Comunicación del Grupo Santillana y del Grupo Prisa.